Pensamento crítico de
A a Z

Nigel Warburton

Pensamento crítico de
A a Z

UMA INTRODUÇÃO FILOSÓFICA

Tradução
Eduardo Francisco Alves

JOSÉ OLYMPIO
EDITORA

Título original em inglês
THINKING FROM A TO Z

© 2000 by Nigel Warburton

Todos os direitos reservados. Tradução autorizada da edição em língua inglesa publicada pela Routledge, membro de Taylor & Francis Group.

Reservam-se os direitos desta edição à
EDITORA JOSÉ OLYMPIO LTDA.
Rua Argentina, 171 – 3º andar – São Cristóvão
20921-380 – Rio de Janeiro, RJ – República Federativa do Brasil
Tel.: (21) 2585-2060
Printed in Brazil / Impresso no Brasil

Atendimento direto ao leitor:
mdireto@record.com.br
Tel.: (21) 2585-2002

ISBN 978-85-03-00893-8

Capa: ISABELLA PERROTTA/ HIBRIS DESIGN
Editoração eletrônica: ABREU'S SYSTEM

Livro revisado segundo o novo Acordo Ortográfico da Língua Portuguesa.

CIP-BRASIL. CATALOGAÇÃO-NA-FONTE
SINDICATO NACIONAL DOS EDITORES DE LIVROS, RJ

W228p
Warburton, Nigel, 1962-
Pensamento crítico de A a Z : uma introdução filosófica / Nigel Warburton ; tradução de Eduardo Francisco Alves. - Rio de Janeiro : José Olympio, 2011.
21cm

Tradução de: Thinking from A to Z
Inclui bibliografia
ISBN 978-85-03-00893-8

1. Raciocínio - Dicionários. 2. Pensamento crítico - Dicionários. 3. Filosofia. I. Título.

11-2605.
CDD: 153.43
CDU: 159.955.6

*Se não consegue dizer uma coisa claramente,
você mesmo não a entende.*

JOHN SEARLE

Em memória de Matthew (1958-1993)

Sumário

Agradecimentos   11

Introdução   13

Relação de verbetes   19

Agradecimentos

Sou grato pelos comentários que várias pessoas fizeram sobre partes deste livro. Quero agradecer em particular a James Cargile, Simon Christmas, Michael Clark, Shirley Coulson, Jonathan Hourigan, Robin Le Poidevin, Jonathan Lowe, Lotte Motz, Alex Orenstein, Tom Stoneham, Anne Thomson, Jennifer Trusted, Jamie Whyte e diversos leitores anônimos. As muitas críticas perspicazes de minha esposa, Anna, tornaram este livro muito melhor.

Nigel Warburton

Introdução

ESTE LIVRO É UMA INTRODUÇÃO ao pensamento crítico. Ele proporciona algumas ferramentas básicas para a clareza de pensamento sobre qualquer questão. As técnicas e os tópicos aqui discutidos podem ser aplicados a qualquer área em que é exigido um pensamento claro: eles têm aplicações diretas na maioria das disciplinas acadêmicas e em qualquer faceta da vida em que as pessoas apresentem razões e provas para sustentar conclusões.

Há quatro tipos principais de verbetes. Primeiro, há aqueles que tratam de táticas comuns em discussões, como a dos **companheiros na culpa**. Em seguida, há os que se concentram em erros de raciocínio sedutores como a **correlação = confusão de causa** e a **falácia de Van Gogh**. Há verbetes sobre técnicas de convencimento e esquivamento, tais como a **tática de "não trabalho com hipóteses"** e a **resposta do político**. E, finalmente, há os que examinam fatores psicológicos que podem ser obstáculos à clareza de pensamento, assim como o **pensamento utópico** (*wishful thinking*). Nem todos os verbetes se encaixam precisamente nessas categorias, mas a maioria deles, sim. Cada verbete contém uma sucinta explicação de um tópico, em geral seguida por exemplos, que servem, em parte, para ajudá-lo a perceber como aquela tática ou técnica

Introdução

particular pode ser aplicada a uma variedade de casos. A manobra mais difícil é passar de um exemplo que lemos em um livro para outro com que nos deparamos na vida. Conforme enfatizo ao longo da obra, um pensamento claro exige sensibilidade para o caso particular e o contexto em que se encontra.

Como usar este livro

Se você absorver passivamente o conteúdo deste livro, provavelmente não vai melhorar de modo drástico sua capacidade de pensar com clareza; trata-se, em suma, de aplicar as ideias a casos novos. Ele pode ser lido do princípio ao fim, consultado a esmo e refletido ou então ser deixado na estante para futura referência. Provavelmente, o melhor meio de usá-lo é encontrar um verbete que lhe interessa e, a partir dele, acompanhar as remissões indicadas; isso vai lhe dar um senso da inter-relação dos tópicos.

Um dos passos mais importantes para alguém tornar-se um pensador melhor é ser capaz de reconhecer as variadas táticas em uma discussão, e isso fica muito mais fácil quando as nomeamos. Tentei escolher os nomes mais memoráveis para cada um dos tópicos discutidos, evitando o latim sempre que possível (termos latinos tradicionais são remetidos a seus equivalentes mais próximos em nossa língua). Qualquer palavra em negrito indica que existe um verbete sobre esse tópico, localizado alfabeticamente.

Uma nota à segunda edição

Para a segunda edição [da qual esta edição brasileira foi traduzida] acrescentei os seguintes novos verbetes: **afirmações con-**

dicionais, contraexemplo, contrários, definição circular, desanalogia, efeito dominó, exceção que confirma a regra, falácia socrática, hipótese, implicar/inferir, "isso é um juízo de valor", navalha de Ockham, paradoxo, pegadinha (*Catch-22*), termo de semelhança familiar e verdade por adágio. Também acrescentei novas remissões, revi e ampliei alguns verbetes existentes e atualizei a seção sobre leituras adicionais.

Leituras adicionais

Há um grande número de livros que se propõem dar um fundamento amplo para o pensamento crítico. Infelizmente, muitos deles demonstram a limitada capacidade de seus autores de pensar criticamente. Existem, no entanto, algumas exceções notáveis. Recomendo os seguintes, os quais achei úteis ao escrever este livro:

Irving M. Copi e Case Cohen. *Introduction to Logic*. 10ª ed., Nova Jersey: Prentice Hall, 1998. Um importante manual de lógica, que vem com um CD-Rom. Consegue ser claro, interessante e completo, fornecendo uma vasta variedade de exemplos. Embora seja principalmente uma introdução à lógica formal, inclui também seções substanciais sobre pensamento crítico do tipo que este livro explora.

Alec Fisher. *The Logic of Real Arguments*. Cambridge: Cambridge University Press, 1988.

Anthony Flew. *Thinking about Thinking*. Londres: Fontana, 1975.

Oswald Hanfling. *Uses and Abuses of Argument*. Milton Keynes: Open University Press, 1978. Este fazia parte do Open University Arts Foundation Course, A101. Pode ser obtido em bibliotecas.

Introdução

J. L. Mackie. Verbete "Fallacies". In: Paul Edwards (org.). *The Encyclopedia of Philosophy*. Londres: Macmillan, 1967.

Anne Thomson. *Critical Reasoning*. Londres: Routledge, 1996. Os exercícios deste livro são particularmente úteis para se desenvolver técnicas de raciocínio. Para a aplicação dessas técnicas a questões éticas, ver, da mesma autora, *Critical Reasoning in Ethics*. Londres: Routledge, 1999.

R. H. Thouless. *Straight and Crooked Thinking*. Ed. rev. Londres: Pan, 1974.

Douglas N. Walton. *Informal Logic*. Cambridge: Cambridge University Press, 1989.

Anthony Weston. *A Rulebook for Arguments*. 2ª ed. Indianápolis: Hackett, 1992.

Um livro mais avançado, que também achei útil, é *Fallacies*, de C. L. Hamblin. Londres: Methuen, 1970.

Se você estiver interessado em aprender sobre filosofia, meus livros *O básico da filosofia*. Rio de Janeiro: José Olympio, 2008 e *Philosophy: Basic Readings*. Londres: Routledge, 1999 são destinados aos que nunca estudaram a matéria, tal como meu *Philosophy: the Classics*. Londres: Routledge, 1998; todos têm sugestões detalhadas de leituras adicionais. A Open University oferece uma ampla variedade de cursos de filosofia dados principalmente por correspondência, incluindo (A211) Philosophy and the Human Situation, para o qual se adota este *Pensamento crítico de A a Z*. Mais detalhes sobre esse e outros cursos podem ser obtidos no Central Enquiry Service, The Open University, PO Box 200, Milton Keynes, MK7 6YZ, United Kingdom.

Pensamento crítico de
A a Z

adágio
Ver **verdade por adágio**.

advogado do diabo
Alguém que defende fortemente uma ideia contra outra posição qualquer, mais pela argumentação em si do que por uma real discordância com a posição. O advogado do diabo testa os argumentos de um oponente até o limite, apesar de, muitas vezes, ser amplamente simpatizante desses argumentos. Esta é uma técnica muito útil para identificar brechas e para evitar uma condução de pensamentos descuidada. Se um argumento consegue aguentar o ataque sistemático de alguém que o examina em busca de pontos fracos, ele deve ser bom; se não consegue, então deveria ser remendado (preferivelmente sem fazer uso de **condições *ad hoc*** espúrias), ou, no pior dos casos, abandonado.

O filósofo René Descartes, em suas *Meditações metafísicas*, queria defender o ponto de vista de que há algumas coisas que podemos saber com certeza. No entanto, em vez de simplesmente declarar suas conclusões, ele começou sua "Primeira Meditação" como se fosse o advogado do diabo contra suas próprias ideias, apresentando a melhor defesa de um extremo ceticismo quanto a informações que adquirimos por meio de nossos cinco sentidos. Ele destacou que tudo que aprendemos pelos sentidos está aberto à dúvida, não só porque eles podem ser inconfiáveis, mas também porque não podemos ter certeza, em nenhum momento, de que não estamos sonhando. Ele deu um passo além disso, imaginando que estava sendo sistematicamente enganado por um gênio demoníaco, astuto e poderoso (exemplo de uma **experiência de pensamento**), e questionou se poderia ter certeza absoluta de que isso não estava acontecendo com ele. Somente depois de Descartes ter construído a melhor defesa possível para a noção de que não podemos saber nada com total certeza foi que ele apresentou sua ideia de que o próprio ato de duvidar prova com segurança que aquele que duvida existe. Assim, examinando primeiro os melhores argumentos possíveis contra sua própria posição, ele antecipou muitas das críticas que céticos teriam feito contra a sua posição e demonstrou a força de seu argumento contra o ceticismo.

Pessoas que bancam o advogado do diabo são, às vezes, acusadas de **hipocrisia**, especialmente quando fazem críticas que não endossam sinceramente: elas não acreditam de verdade nos argumentos que usam, ou então sabem que a **conclusão** da posição que estão atacando é verdadeira. No entanto, essa acusação de hipocrisia não é pertinente e talvez em parte se origine das associações negativas da palavra "diabo" à custa das conotações da palavra "advogado". Hipócritas escondem suas verdadeiras intenções e convicções; os que fazem o papel de advogado do diabo estimulam abertamente seus alvos a dar argumentos perfeitos para suas conclusões e a prestar atenção à força dos melhores argumentos do outro lado. Muitas vezes, o sentido de se usar esta estratégia é conseguir que alguém forneça boas premissas às conclusões a que o advogado do diabo esteja favoravelmente disposto, estimulando-os, assim, a investigar a justificativa de pontos que poderiam acabar mostrando meros **preconceitos**, ou talvez conclusões verdadeiras defendidas por argumentos fracos (ver **falácia dos maus motivos**). Isto, apesar das aparências, não é hipocrisia, mas, sim, parte de uma busca sincera pela verdade.

afirmações condicionais

Afirmações da forma "se p, então q". Por exemplo, as seguintes são afirmações condicionais:

> Se o alarme está tocando, então alguém tentou arrombar o seu carro.
>
> Se você cavar bem o solo, então a fertilidade dele aumentará.
>
> Se a teoria de Darwin sobre a evolução for verdadeira, então nós descendemos diretamente de primatas.

Quando uma afirmação condicional é verdadeira, não significa que seu **antecedente** seja verdadeiro, mas sim que é verdadeira a relação entre o **antecedente** e o **consequente**. Então, por exemplo, a seguinte afirmação é uma condicional verdadeira, apesar de o **antecedente** ser falso:

> Se René Descartes ainda está vivo hoje, então ele está com mais de 400 anos.

Uma afirmação condicional verdadeira é aquela que garante que, contanto que o **antecedente** seja verdadeiro, o consequente deve ser verdadeiro (ver também **tática de "não trabalho com hipóteses"**).

afirmar o antecedente
Um **argumento** válido (ver **validade**) com a seguinte forma:

> Se p, então q
> p
> Portanto, q

Aqui p e q são usados para representar quaisquer condições que se queira inserir: o antecedente é p, e o consequente, q. Esta forma de argumentação é em geral conhecida pelo seu nome latino, ***modus ponens***, que significa "modo que afirma". Um exemplo de afirmar o antecedente é:

> Se você comprou este livro, eu receberei um *royalty*.
> Você comprou este livro.
> Portanto, vou receber um *royalty*.

Outro exemplo de afirmação de antecedente é:

> Se você é um peixinho dourado, sabe andar de bicicleta.
> Você é um peixinho dourado.
> Portanto, sabe andar de bicicleta.

Nota-se que, neste segundo exemplo, o óbvio absurdo da primeira **premissa** não afeta a validade do argumento: ambos têm a mesma forma lógica.

Afirmar o antecedente deve ser claramente distinguido da **falácia formal** conhecida como **afirmar o consequente**.

afirmar o consequente

Uma **falácia formal** pode ter a aparência superficial de um argumento válido (ver **validade**). Tem a seguinte forma básica:

Se p, então q
q
Portanto, p

Por exemplo, ambos os casos a seguir têm a mesma estrutura básica referida anteriormente em termos de p e q:

> Se você possui um Green Card, pode trabalhar legalmente nos EUA.
> Você pode trabalhar legalmente nos EUA.
> Portanto, você tem um Green Card.

e

> Se o seu carro ficar sem gasolina, ele para.
> O seu carro parou.
> Portanto, seu carro ficou sem gasolina.

Talvez seja mais fácil perceber qual é o problema desse tipo de argumento considerando mais alguns exemplos da mesma forma:

> Se ela secretamente me amasse e não quisesse que seu namorado soubesse, então ela não responderia às minhas cartas.
> Ela não respondeu às minhas cartas.
> Então ela secretamente me ama e não quer que o namorado descubra.

O problema deste argumento é que, mesmo que as duas **premissas** sejam verdadeiras, ainda assim a conclusão não é necessariamente verdadeira: poderia ser como poderia não ser. Então não é uma **dedução** confiável. Sua conclusão é um *non sequitur*: não se segue *necessariamente à risca*. Trata o fato da sua não resposta a minhas cartas como uma condição suficiente (ver **condições necessárias e suficientes**) de ela secretamente me amar e não querer que o namorado descubra. Mas é óbvio que a primeira premissa não afirma que a única razão possível para sua falta de resposta é que ela secretamente me ama; para o argumento ser válido teríamos de ler o "se" como "se *e apenas se*" (às vezes escrito pelos lógicos como "sse" ["*iff*"]), e na maioria dos contextos seria um sinal de ilusão ou, pelo menos, de **pensamento utópico** acreditar que a primeira premissa oferece a única explicação possível para a falta de resposta. Existem inúmeras **explicações alternativas** para o seu silêncio: ela pode ter ficado irritada com as minhas cartas, ela pode não querer me encorajar, pode nunca sequer tê-las aberto para ler. Nada há de inconsistente (ver **consistência**) em acreditar nessas hipóteses: se ela me ama secretamente e não quer que o namorado fique sabendo, então não responderá às minhas cartas e o fato de ela não responder minhas cartas *não é* necessariamente uma indicação de que ela secretamente me ama.

Mais um exemplo. Pessoas que têm Aids são propensas a resfriados e costumam sofrer de suores noturnos. Mas seria um erro pensar que você tem Aids só porque é propenso a resfriados e sofre de suores noturnos. Essa é apenas uma explicação possível. Não se segue logicamente à premissa "Se você tem Aids, então será propenso a resfriados e sofrerá de suores noturnos" que qualquer pessoa que tenha esses sintomas *deva* ter Aids. Para chegar a essa conclusão, você teria de acreditar que *somente* os aidéticos são propensos a resfriados e suores noturnos; e isso, obviamente, não é verdade.

Um exemplo mais exagerado deixa claro que tal forma de pensamento não é confiável. Sem dúvida é verdade que, se eu comprei um carro novo, então haverá um saque maciço no meu saldo bancário. Acontece que meu saldo no banco *ficou* baixíssimo; mas há inúmeras **explicações alternativas** para esse fenômeno, como a de que meu editor não está me pagando direitos autorais suficientes para manter meu estilo de vida extravagante. Eu não poderia concluir que, se meu saldo está muito baixo, devo ter comprado um carro novo. Isso seria claramente um absurdo. Esta técnica de considerar da mesma forma um argumento seguramente absurdo, a fim de demonstrar a invalidade de um tipo de argumento, é muito útil; ela ajuda a separar a possível confusão do conteúdo particular de um argumento da estrutura fundamental. Se o argumento é inválido, ainda que por acaso transmita uma conclusão verdadeira, então não devíamos confiar nele, uma vez que não é uma conclusão que se siga logicamente às premissas (ver **falácia dos maus motivos**).

Um motivo pelo qual a falácia de afirmar o consequente pode ser tentadora é que ela se parece superficialmente com uma forma válida de argumento conhecida como **afirmar o antecedente (*modus ponens*)**:

Se *p*, então *q*
p
Portanto, *q*

Um argumento com esta forma é:

Se você fizer seu bebê arrotar depois de comer, ele dormirá profundamente.

Você fez seu bebê arrotar depois de comer.
Então ele vai dormir profundamente.

Aqui, se as premissas são verdadeiras, então a conclusão deve ser verdadeira. A forma falaciosa deste argumento seria:

Se você puser seu bebê para arrotar depois de comer, ele vai dormir profundamente.
Seu bebê está dormindo profundamente.
Então você o pôs para arrotar.

Mas, como os exemplos anteriores demonstraram, afirmar o consequente de modo nenhum garante uma conclusão verdadeira, ainda que as premissas sejam verdadeiras.

Mesmo considerando que muitas instâncias dessa falácia são simples de identificar, quando algumas das premissas são implícitas, em vez de declaradas, os erros de raciocínio podem ser mais difíceis de identificar.

alegação
Uma declaração não comprovada de convicção. Sempre que você simplesmente afirma que alguma coisa é o caso, faz uma alegação.

Um exemplo disso é dizer: "Ler este livro vai melhorar seu pensamento crítico." Isto é uma alegação, porque eu não dei motivo ou evidência que apoie essa declaração. Ou eu poderia alegar "Deus não existe", mas, enquanto eu não apresentar um argumento ou evidência, você não teria motivo para acreditar em mim, a não ser que eu, de algum modo, houvesse me firmado como uma autoridade no assunto. E, ainda assim, você poderia solicitar algum tipo de explicação de como eu cheguei a tal convicção (ver **verdade por autoridade**).

Meramente alegar alguma coisa, não importa qual seja o tamanho da convicção, não faz com que seja verdade. A alegação confiante não é substituto para o **argumento**, ainda que a maioria de nós, em nossos momentos acríticos, possa ser convencida por pessoas que parecem saber do que estão falando, quer saibam realmente ou não. A única maneira com que outras pessoas podem avaliar a verdade de uma alegação é examinar premissas e provas que possam fornecer dados para sustentá-la, ou então buscar premissas e provas para não acreditar nela. Não obstante, essas alegações de convicção são comuns; isso se deve, em parte, porque seria tedioso enunciar cada razão implícita para se ter uma convicção, particularmente quando em comunicação com alguém que partilha de muitas de suas **suposições**.

alguns e todos
Ver **confusão todos/alguns**.

ambiguidade
Uma palavra ou uma frase ambígua tem dois ou mais significados. Ambiguidade não deve ser confundida com **vaguidão**, que resulta de imprecisão na linguagem; a ambiguidade só acontece quando uma palavra ou frase pode de fato ser interpretada de modos diferentes. Há três tipos comuns de ambiguidade: *léxica, referencial e sintática*.

A *ambiguidade léxica* ocorre quando uma palavra com dois ou mais sentidos possíveis é usada, de modo que a expressão ou frase em que ela aparece pode ser entendida de mais de uma maneira. Por exemplo, um livro chamado *O mito da deusa* pode ser sobre um mito particular ou pode ser um ataque à ideia de que algum dia chegou a existir uma deusa;

isso acontece porque a palavra "mito" tem dois sentidos relacionados, porém distintos. Ou, de modo semelhante, apenas pelo título *Discriminação* seria impossível dizer se um livro era sobre o tratamento injusto dispensado a certos grupos da sociedade, como na locução "discriminação racial", ou sobre a capacidade de fazer julgamentos estéticos sutis, como em "o *connoisseur* teve excelente discriminação".* É claro que ambos os títulos poderiam ser trocadilhos deliberados. Os trocadilhos jogam com ambiguidades léxicas. Quando dr. Johnson viu duas mulheres discutindo à soleira de suas casas, ele comentou que elas nunca chegariam a um acordo, porque discutiam a partir de premissas diferentes, um dito espirituoso jogando com os dois significados possíveis de *premises*.** No entanto, duas pessoas debatendo a partir de diferentes **premissas** (no sentido de pontos de partida em discussões) *poderiam* chegar à mesma conclusão, mas não chegariam a essa conclusão pelo mesmo caminho.

A *ambiguidade referencial* ocorre quando uma palavra é usada de modo que pode ser entendida como qualquer uma de duas ou mais coisas. Por exemplo, se duas pessoas na sala se chamam John, então dizer apenas "telefonema para John" decididamente não vai resolver grande coisa, a não ser que, devido ao contexto, fique claro a qual dos Johns você se refere (você poderia, por exemplo, olhar direto para o John adequado ao dizer a frase). Essas ambiguidades de referência, em geral, ocorrem quando se usam pronomes que servem indiferentemente para o masculino ou o feminino, ou no caso de alguns

---

* Em inglês, a palavra *discrimination* quer dizer *discernimento, critério*; no caso da palavra em questão, além do significado de "discriminação", há o de "apuro seletivo". (*N. do T.*)

** O outro significado é "local", "edifício", "recinto". (*N. do T.*)

pronomes possessivos, como "O grão caiu fora do meu prato, perto do meu garfo. Então eu o peguei." Essa frase não deixa claro o que peguei: se o grão, o garfo ou, menos provavelmente, o prato. Outro exemplo: "Mário telefonou para sua mãe." E você poderia perguntar: "O que Mário tinha a falar com a minha mãe?", quando na verdade Mário ligou para a mãe *dele*, a fim de saber o que teriam para jantar.

Ambiguidade sintática, às vezes chamada *anfibologia*, ocorre quando a ordem das palavras permite duas ou mais interpretações. Por exemplo, "a busca da arca perdida" poderia significar a procura de uma arca que nunca mais foi vista ou então a busca baldada de uma arca que acabou não sendo achada. Aqui, para se especificar o segundo sentido, bastaria trocar de lugar o adjetivo "perdida" para "a busca perdida da arca"; em outros casos, uma paráfrase pode ser necessária. *Eu vi o que vocês fizeram no verão passado* é ambíguo de dois modos. Pode significar que "no último verão vocês fizeram algo que foi visto por mim". O segundo modo de entender a frase é que "no último verão, estando eu na mesma praia que vocês e no mesmo momento, pude ver o que vocês fizeram; já no inverno passado, nada vi, porque estávamos em locais diferentes. Em outras palavras, "no verão passado" pode reger "o que vocês fizeram", como pode reger "eu vi".

Embora seja extremamente difícil eliminar toda e qualquer ambiguidade, sempre que houver uma séria possibilidade de confusão vale a pena dedicar tempo a esclarecer o sentido pretendido por você (ver também **confusão ou equívoco**). No entanto, seria puro **pedantismo** passar a vida descartando todas e quaisquer interpretações possíveis, mas altamente improváveis, a não ser, é claro, que você esteja preparando um documento legal.

ambiguidade léxica
Ver **ambiguidade**.

ambiguidade referencial
Ver **ambiguidade**.

ambiguidade sintática
Ver **ambiguidade**.

analogia, argumentos por
Argumentos fundamentados em uma comparação entre duas coisas supostamente semelhantes. Argumentos por analogia baseiam-se no princípio de que, se duas coisas são semelhantes em alguns aspectos conhecidos, também é provável que sejam similares em outros, mesmo que estes não sejam diretamente observáveis. Esse princípio que se apoia em **indução**, na melhor das hipóteses, geralmente só produz conclusões *prováveis*; raramente fornece uma prova conclusiva, uma vez que semelhança em alguns aspectos nem sempre indica confiavelmente similaridade em outros. Uma exceção é quando a semelhança em questão é semelhança de forma lógica, caso em que, se um argumento for válido (ver **validade**), então qualquer outro argumento que tenha a mesma forma lógica deve ser válido também.

Argumentar na base da analogia pode, à primeira vista, parecer uma forma de raciocínio inteiramente confiável. De que outra maneira poderíamos aprender com a nossa experiência, se não transferindo os resultados de descobertas particulares para situações semelhantes? No entanto, argumentos por analogia só são confiáveis se as circunstâncias comparadas forem *relevantemente* semelhantes, e infelizmente não existe um teste simples para semelhança relevante.

Uma das utilizações mais famosas de argumento por analogia é a tentativa de uma prova da existência de Deus conhecida como o argumento pelo desígnio. Em sua forma mais simples, é o argumento de que, porque existem várias semelhanças visíveis entre objetos naturais e objetos que foram concebidos por seres humanos — entre o olho humano e a lente de uma câmera, por exemplo —, podemos concluir que ambos devem ter sido produzidos por um tipo semelhante de inteligência. Em outras palavras, semelhanças perceptíveis entre dois tipos de coisas são tidas como uma indicação confiável de que elas têm tipos semelhantes de origem: neste caso, um criador (*designer*) inteligente. E porque o olho é mais sofisticado em *design* do que a câmera, usando este argumento por analogia, podemos concluir que o *designer* do olho era correspondentemente mais inteligente e poderoso do que o *designer* da câmera. A conclusão do argumento pelo desígnio é que o *designer* inteligente e poderoso da visão deve ter sido Deus.

No entanto, como muitos filósofos destacam, a analogia entre coisas como um olho e uma câmera é relativamente fraca; embora haja aspectos nos quais eles são bastante semelhantes (ambos têm uma lente, por exemplo), há também numerosos outros aspectos nos quais eles são diferentes (o olho, por exemplo, é parte de um organismo vivo; a câmera é uma máquina). Se o argumento pelo desígnio se apoia sobre uma analogia relativamente fraca (ver **desanalogia**), então suas conclusões sobre as causas da aparente finalidade dos objetivos naturais devem ser correspondentemente fracas. Além disso, neste caso existem também **explicações alternativas** altamente plausíveis para precisamente as mesmas observações, a saber, a teoria de Charles Darwin da evolução por seleção natural. O argumento pelo desígnio não produz nada semelhante a uma prova da existência de Deus, tanto porque a analogia em que se apoia é relativamente fraca quanto porque existe uma teoria concorrente que explica a aparente concepção dos organismos vivos surgindo do funcionamento impessoal da hereditariedade e do meio ambiente.

A filósofa Judith Jarvis Thomson, escrevendo sobre a moralidade do aborto, usou uma analogia para defender seu ponto de vista de que, ainda que um feto tenha direitos, estes não anulam necessariamente o direito de uma mulher determinar o que acontece no e ao seu corpo (ver também **experiência de pensamento**). Ela comparou alguns tipos de gravidez com a situação imaginária de acordar e descobrir que um violinista famoso foi ligado a seus órgãos vitais e ficar sabendo que, a não ser que você o deixe ligado durante nove meses, causando-lhe com isso considerável desconforto, ele vai morrer. O objetivo dessa analogia exagerada era trazer à luz, de um modo bem claro, o que estava em jogo em debates sobre o direito de um feto não ser abortado. E, embora admiremos alguém que escolhe manter o violinista ligado, não parece correto dizer que algum direito que ele tenha à vida supera o seu direito de determinar o que acontece com o seu corpo. Obviamente, essa é uma analogia controversa, que só é relevantemente semelhante a *algumas* formas de gravidez (e para a maioria de nós a força da **experiência de pensamento** depende de saber *qual* violinista famoso está ligado a nós). No entanto, a analogia usada por Judith Thomson foi muito importante ao trazer à luz o que estava implícito nas discussões pró e antiaborto e foi o ponto de partida para a maioria das discussões sobre o assunto, desde que ela o publicou em um artigo de 1971.

Quando ativistas pelos direitos animais afirmam que deveríamos ter mais preocupações com o bem-estar dos animais, seus argumentos geralmente baseiam-se em uma analogia implícita entre as capacidades humana e animal de sentir dor. Sabemos que humanos sentem dor. Isso, em suas formas externas, é algo terrível, e faríamos quase qualquer coisa para evitar: é por isso que a tortura pode ser tão eficaz. Os mamíferos são muito parecidos com os seres humanos de muitos modos. Têm um parentesco genético muito próximo de nós e têm reações fisiológicas a danos físicos semelhantes aos nossos; como nós, eles tentam evitar danos a si mesmos e em certas circunstâncias fazem ruídos que acreditamos poder reconhecer como indicando que estão sentindo dor, porque são semelhantes a ruídos que fazemos quando sentimos dor. Então, parece razoável concluir, na base da analogia entre seres humanos e mamíferos, que estes são capazes de sentir certos tipos de dor. É verdade que há algumas diferenças entre humanos e outros mamíferos. Exceto por uns poucos chimpanzés excepcionais, os demais mamíferos não têm linguagem, por exemplo. Mas essas não costumam ser consideradas diferenças relevantes. Os insetos, por outro lado, são muito menos parecidos com a maior parte dos seres humanos do que os mamíferos; então, qualquer conclusão sobre a dor dos insetos baseada em uma analogia com a dor humana seria correspondentemente mais fraca do que uma conclusão sobre a dor dos mamíferos.

Considerem mais um exemplo. Alguns especialistas no assunto afirmaram que proibir a posse de armas nos EUA, longe de reduzir o crime violento, na verdade, aumentaria o número de ferimentos a tiros. O raciocínio se baseia no fato de que proibir o álcool durante a Lei Seca resultou em um grande aumento nos crimes ligados ao consumo ilegal de álcool (ver **correlação = confusão de causa**). De modo semelhante, dizem eles, proibir a posse de armas levaria a um crescimento do tráfico de armas, dando aos criminosos um acesso a armas de fogo ainda maior do que eles têm hoje. E quanto mais acesso os criminosos tiverem a armas de fogo, maior a probabilidade de que as usem. Este argumento se baseia em haver semelhanças entre a proibição do álcool no passado e a proibição de armas hoje. Ele envolve outras **suposições** também, como a de que se criminosos possuírem armas de fogo é muito provável que as usem, e que a posse generalizada de armas de fogo, por si só, não funciona como uma forma de inibição do seu uso devido ao risco de você próprio ser baleado caso venha a abrir fogo (i.e., seu oponente tem maior probabilidade de estar armado). Mas o argumento principal baseia-se em uma analogia. No entanto, é bem fácil perceber que se trata de uma analogia muito fraca, uma vez que as circunstâncias diferem em tantos aspectos importantes: o fato de que as armas não se consomem quando usadas, enquanto o álcool, por exemplo, se consome com o uso. Se for possível demonstrar que as duas circunstâncias são significativamente distintas, então qualquer conclusão a que se chegar com base nessa analogia exigirá confirmação independente. A conclusão do argumento pode acabar sendo verdadeira (ver **falácia dos maus motivos**), mas somente esse argumento por analogia não sustenta a conclusão.

Analogias são, muitas vezes, usadas como uma forma de **retórica**. Quando, por exemplo, Hitler afirmou que iria torcer o pescoço da Grã-Bretanha como o de uma galinha, pretendia com isso demonstrar o poder da Alemanha nazista e a vulnerabilidade da Grã-Bretanha: a relação da Alemanha com a Grã-Bretanha seria a de um granjeiro com uma galinha a ser abatida. Churchill retorquiu: "Mas que galinha!, que pescoço!", sugerindo que, em certas questões relevantes, a analogia era mais fraca do que Hitler acreditava, e que sua conclusão sobre a facilidade com que derrotaria a Grã-Bretanha e seus aliados era injustificada. Nem Hitler nem Churchill apresentaram um argumento para suas conclusões.

Com analogias fortes, o debatedor pode estar em terreno seguro. Contudo, mesmo onde uma analogia parece ser muito forte, ainda há uma possibilidade de haver equívocos. Cogumelos comestíveis e chapéu-de-cobra podem se parecer muito e têm um parentesco muito próximo; no entanto, os últimos são altamente venenosos. Portanto, mesmo onde parece haver excelentes motivos para tirar conclusões por duas coisas serem muito semelhantes em algum aspecto, pode vir a se mostrar insensato tratar essas conclusões como firmemente estabelecidas. Isso não quer dizer que se deveria evitar argumentar com base em uma analogia, só que isso deveria ser tratado com cautela, e, sempre que possível, deve-se buscar sustentação independente para a conclusão. Não seria racional esperar que uma analogia se sustente em *todos* os aspectos, ou mesmo *na maioria* deles; no entanto, para o argumento ter alguma força, a analogia precisa se sustentar em aspectos *relevantes*. O que conta como relevante é determinado, em grande parte, pelo contexto. Como acontece com a maior parte das aplicações do pensamento crítico, é importante ser sensível ao caso particular, um fato raramente reconhecido em manuais sobre o assunto.

analogias fracas
Ver **analogia, argumentos por.**

anfibologia
Ver **ambiguidade.**

antecedente
A primeira parte de uma afirmação "se...., então" (ver **afirmações condicionais**). Por exemplo, em "Se você passar tempo demais diante da tela do computador, então vai ter vista cansada", o antecedente é "você passar tempo demais diante da tela do computador".
Ver **afirmar o antecedente, afirmar o consequente, consequente, negar o antecedente, negar o consequente**.

apenas o primeiro passo
Ver **argumento da ladeira escorregadia**.

argumentação a partir de um caso isolado
Ver **evidência anedótica** e **generalização precipitada**.

argumento
Fundamentos que sustentam uma **conclusão**. Não se deve confundir com o uso de argumentação significando discussão, querela ou "bate-boca", em que **alegação** e contra-afirmação são muito mais comuns do que raciocínio. No sentido em que é usado neste livro, um argumento fornece motivos para se acreditar em uma conclusão. Uma **alegação** meramente apresenta uma conclusão, e ficamos sem motivo para acreditar nela, a não ser, é claro, que saibamos ser a sua fonte uma autoridade confiável no assunto da conclusão (ver **verdade por autoridade**). Autoridades confiáveis são geralmente capazes de dar argumentos que apoiam suas conclusões.

Em manuais de lógica, os argumentos, especialmente os dedutivos (ver **dedução**), são muito claros e bem-organizados, com as premissas claramente distinguidas da conclusão e a conclusão indicada pela palavra "portanto". Na vida real, a estrutura dos argumentos provavelmente não será tão fácil de identificar. Em geral, pelo menos uma das premissas é presumida, em vez de afirmada explicitamente (ver **pressuposição** e **entimema**); conclusões nem sempre vêm depois das premissas, muitas vezes vêm antes e raramente são sinalizadas por palavras como "portanto" e "então". Consequentemente, é necessário esclarecer a relação precisa entre premissas e conclusões antes de tentar avaliar algum argumento.

Por exemplo, você pode deparar-se com o seguinte:

> Você não devia deixar seu filho assistir àquele filme, *Laranja mecânica*.
> Ele é muito violento.

Com mais questionamento, pode-se descobrir que o argumento implícito era:

> Assistir a filmes violentos leva as crianças a serem violentas.
> Deveriam impedir as crianças de fazer coisas que as tornem violentas.
> Você pode impedir seu filho de assistir a um filme.
> *Laranja mecânica* é um filme violento.
> Portanto, você devia impedir seu filho de assistir ao filme *Laranja mecânica*.

Este é um argumento válido (ver **validade**). Na maioria dos contextos, seria obviamente muitíssimo tedioso expressar todo argumento desta forma. No entanto, muitas vezes não está claro como se acha precisamente que as premissas devem apoiar a conclusão; nesses casos, pode ser útil deixar explícita a argumentação essencial.

Note-se que, no argumento anterior, se as premissas são verdadeiras, então a conclusão deve ser verdadeira: não é possível uma situação em que todas as premissas sejam verdadeiras, e, no entanto, a conclusão é falsa. Isso porque a estrutura do argumento é uma estrutura válida (ver **validade**). Outro modo de dizer isso é que a forma de um argumento válido é preservadora da verdade: se você encaixou premissas verdadeiras nesse tipo de estrutura, então é garantido que tirará delas uma conclusão verdadeira. E mais: se você sabe que o argumento é válido, então deve aceitar a conclusão como verdadeira ou negar a verdade de pelo menos uma das premissas. Um argumento válido com premissas verdadeiras é conhecido como um **argumento sólido**.

Alguns argumentos são indutivos (ver **indução**). Por exemplo, considere o seguinte:

> A restauração de quadros, muitas vezes, danificou pinturas importantes. Todas as galerias nacionais do mundo têm exemplos de restauração desastrosa. Então só se devia embarcar em uma política de restauração de quadros com extrema cautela, já que existe um sério risco de que isso possa causar mais danos do que evitá-los.

Isto é um argumento, mas não é dedutivo: não é preservador da verdade. Sua conclusão, a de que só se deve embarcar em uma política de restauração de quadros com extrema cautela, baseia-se na evidência de que alguns restauradores de quadros já causaram sérios danos a pinturas. Os motivos dados para se acreditar na conclusão baseiam-se em observação e na suposição de que o futuro será como o passado em certos aspectos relevantes. Argumentos indutivos nunca provam algo conclusivamente; no entanto, eles de fato sugerem o que é provável ou quase certamente verdadeiro. Podem dar um apoio muito forte a conclusões, embora isso sempre fique aquém da natureza preservadora da verdade típica dos argumentos dedutivos.

Argumentos são de maior valor que **alegações** injustificadas, uma vez que fornecem raciocínios que outras pessoas podem avaliar por si mesmas para ver se eles apoiam ou não a conclusão dada. Avaliar os argumentos de ambos os lados é um dos melhores métodos que temos para decidir entre pontos de vista antagônicos sobre qualquer questão. Se alguém apresenta um argumento, podemos julgar se sua conclusão se sustenta ou não nas razões dadas; mas se ele recorre a **preconceito**, **retórica** e **alegação** injustificada, mesmo que as conclusões possam acabar sendo verdadeiras, não é possível ver por que são verdadeiras ou como foram alcançadas.

argumento da beirada fina da cunha
Ver **argumento da ladeira escorregadia**.

argumento da ladeira escorregadia
Um tipo de **argumento** que se apoia na **premissa** de que, se você faz um pequeno movimento em determinada direção, pode ser extremamente difícil ou até impossível evitar um movimento muito mais substancial na mesma direção (ver também **efeito dominó**). Se você dá um passo para baixo em uma ladeira escorregadia, corre o risco de se ver deslizando ladeira abaixo a uma velocidade cada vez maior até chegar à base. Quanto mais embaixo você chega, mais difícil parar. Após algum tempo, você não pode parar, ainda que o queira

desesperadamente. Esta metáfora de uma ladeira escorregadia costuma ser usada explícita ou implicitamente como um modo de convencer as pessoas de que a aceitação de uma prática relativamente inócua pode levar inevitavelmente à legitimação de práticas altamente indesejáveis.

Por exemplo, usando este estilo de argumentação, algumas pessoas sustentam que a eutanásia nunca deveria ser legalizada, porque envolveria dar o primeiro passo na descida de uma ladeira escorregadia que tem na base práticas moralmente abomináveis como o homicídio e até mesmo o genocídio. Não se deveria dar o primeiro passo, a não ser que se esteja preparado para descer rapidamente em direção a esse ponto final altamente indesejável, alega-se. Neste caso particular, o argumento é geralmente apoiado apelando-se a um precedente atemorizante: o fato de que algumas técnicas nazistas de assassinato em massa foram inicialmente aplicadas como o que se descrevia como uma espécie de eutanásia. O argumento da ladeira escorregadia sugere que, se tornássemos legal algum modo de assassinato deliberado, muito provavelmente nos veríamos descendo irremediavelmente uma ladeira íngreme rumo à legalização de formas de morte menos aceitáveis, até terminarmos por sancionar assassinato ou coisa pior.

Este tipo de argumento pode ter alguma força, mas, a fim de julgá-lo, precisamos de extensa informação sobre a pretensa inevitabilidade da descida; não basta simplesmente afirmar que existe uma ladeira escorregadia. Em geral, argumentos da ladeira escorregadia camuflam o fato de que, na maioria dos casos, podemos decidir até onde queremos descer: podemos cravar nossos calcanhares em certo ponto e dizer "aqui e não além". E podemos ter muitos bons motivos para isso (ver também **demarcar um limite**). A metáfora do deslizamento, com suas conotações de descida inevitável e assustadora perda de controle, parece não permitir a possibilidade de parar quando se quiser. Ela evoca imagens de impotência que podem ser inadequadas para o caso em questão. Às vezes, argumentos da ladeira escorregadia são pura retórica, destinada a ocultar o fato de que a descida rumo ao pior quadro possível não é de modo nenhum inevitável.

Em suas formas mais extremas, esse tipo de retórica pode facilmente ser ridicularizada. Usando o mesmo tipo de retórica, pareceria seguir-se que, se comermos, corremos o sério perigo de comer cada vez mais, até terminarmos obesos; se contarmos uma pequena **mentira** inofensiva, terminaremos traindo o nosso país; se permitirmos que um cirurgião realize pequenas operações sem o uso de anestésicos, estaremos descendo uma ladeira que acabará na legalização da vivissecção humana sem anestesia. E assim por diante. Estes exemplos exagerados demonstram que é necessário muito mais informação sobre o tipo de ladeira, antes de podermos dizer que ela é tão escorregadia que o resultado final do primeiro passo será o desastre. Ladeiras têm apenas graus diferentes de deslizamento, e, na maioria dos casos, há meios diretos de evitar a descida até a base. Ainda que ladeiras de verdade sejam difíceis de se transpor, as do tipo encontrado em argumentos da ladeira escorregadia geralmente nos permitem cravar os calcanhares antes de perdermos o controle.

As ladeiras escorregadias discutidas até agora baseiam-se, todas, em questões **empíricas** sobre a pretensa inevitabilidade da descida. Alguns argumentos da ladeira escorregadia também se baseiam em um argumento lógico sobre como, se um pequeno movimento em uma determinada direção se justificar, então qualquer número desses pequenos movimentos deve se justificar também (ver **demarcar um limite**).

Uma metáfora diferente, às vezes usada como alternativa à da ladeira escorregadia, é a do lado fino da cunha.* Uma vez que uma cunha foi inserida em uma fenda, ela geralmente pode ser empurrada cada vez mais para dentro até que sua extremidade mais grossa abre totalmente a fenda. Aqui, a extremidade grossa da cunha representa um ponto final indesejável. A metáfora da ladeira sugere perda de controle; a da cunha, uma força irresistível. Em ambos os casos, o sentido de inevitabilidade criado pode não ser o do caso em questão, e o uso dessas metáforas deveria alertá-lo para a possibilidade de que você está sendo convencido mais por retórica do que por argumento.

Vale a pena notar que a expressão "ladeira escorregadia" é quase sempre usada por críticos de um argumento, em vez de ser usada por seus defensores, e que ela própria pode ser um recurso retórico usado para caricaturar o argumento de oponente (ver **espantalho**).

argumento nocauteante

Um **argumento** que refuta completamente uma posição (ver **refutação**): o equivalente em argumentação a um nocaute no boxe.

Algumas pessoas, por exemplo, afirmam que todas as verdades são relativas à cultura em que são expressadas; por tal ponto de vista, 700 anos atrás era verdade que o Sol circundava a Terra (uma vez que essa era a visão oficial), mas não é verdade hoje. Entretanto, há um argumento nocauteante

---

* A expressão idiomática quer dizer: "Isso é só o começo." (*N. do T.*)

contra isso, que demonstra que é uma posição autocontestante: se todas as verdades são relativas, então a teoria de que todas as verdades são relativas deve ser ela própria relativa, isto é, só é verdade para algumas culturas. No entanto, os defensores da teoria do relativismo geralmente tratam-na como se fosse verdade *absoluta*. Este argumento nocauteante com apenas um golpe refuta o relativismo, pelo menos em seu modo mais simples. Os relativistas, no entanto, poderiam tratar isso como um ataque contra um **espantalho**, mas então caberia a eles o ônus de demonstrar como o argumento caricatura sua posição.

argumento sólido
Um argumento válido (ver **validade**) com **premissas** verdadeiras e, então, uma **conclusão** verdadeira. A seguir, um exemplo de argumento sólido:

> Todos os seres humanos são membros da espécie *Homo sapiens*.
> Eu sou um ser humano.
> Então sou membro da espécie *Homo sapiens*.

No entanto, o próximo exemplo, apesar de válido, não é sólido:

> Todos os cangurus são insetos.
> Skippy é um canguru.
> Então Skippy é um inseto.

argumentos circulares
Um argumento circular assume a forma:

argumentos circulares

A por causa de *B*
B por causa de *A*

Quando não há motivo independente para se acreditar em *A* ou *B*, então isso é descrito como um **círculo vicioso**, e devia ser rejeitado como uma forma particularmente não esclarecedora de **se esquivar da questão**. Se não há mais nenhum apoio para *A* ou *B*, então isso é equivalente ao passatempo impossível de tentar fazer-se levantar do chão puxando para cima os cordões dos sapatos.

Veja como exemplo o caso de alguém dizer que deve existir um Deus porque a Bíblia ou algum outro livro sagrado diz que Deus existe, e então, quando perguntado como sabe que o que está escrito no livro sagrado é verdade, responde que deve ser verdade, porque é a palavra de Deus, então esse seria um círculo vicioso do pensamento. Se existe prova independente de que o que está escrito no livro sagrado é verdade ou talvez alguma outra prova independente da existência de Deus, então teríamos razões que sustentam a conclusão, mas que não estão obviamente pressupostas na conclusão. Conforme o argumento se apresenta, no entanto, não é nem um pouco convincente para um agnóstico ou ateu, uma vez que pressupõe que Deus existe, ou que o que está escrito no livro sagrado é verdade, sendo os dois pontos os de maior relevância na controvérsia em questão.

Um exemplo filosófico mais complexo e controvertido ocorre em algumas tentativas de justificar a **indução**, o método de raciocínio que passa de inúmeras observações **empíricas** particulares para uma conclusão geral. Por exemplo, quando, com base no fato de ter mordido um grande número de limões, concluo que todos os limões são azedos, raciocino indutivamente. No entanto, esse raciocínio é difícil de se justificar, uma vez que, por mais limões que eu morda (não sendo possível morder cada limão que existe ou que existirá um dia), ainda é possível que nem todos os limões sejam azedos: como posso ter tanta certeza de que o próximo limão que eu morder não será doce? Uma tentativa de justificar a indução é sugerir que sabemos que é um modo seguro de raciocinar, porque já funcionou bem para nós: todos já fizemos um grande número de generalizações indutivas bem-sucedidas, e então podemos concluir que é um modo seguro de raciocinar. No entanto, examinando com mais atenção, isto acaba sendo um **argumento circular**. Apelar para observações anteriores de indução que funcionaram é apoiar-se em uma indução sobre o sucesso passado de induções; só poderíamos fazer isso se soubéssemos que a indução era um método seguro de raciocinar.

Argumentos circulares não são inválidos; em outras palavras, de um ponto de vista lógico, não há nada intrinsecamente errado com eles. No entanto, quando viciosamente circulares, eles são não informativos de um modo estrondoso.

"as pesquisas mostram que..."

Uma frase usada com frequência para convencer o ouvinte de que o orador pode sustentar o que está dizendo com sólidas evidências **empíricas**. Entretanto, é extremamente vago (ver **vaguidão**) alegar que "as pesquisas mostraram" alguma coisa, a não ser que se possa apoiar a **alegação** com detalhes específicos sobre alguma pretensa pesquisa. Quem conduziu essa pesquisa? Que métodos usou? O que precisamente se descobriu? Esses resultados foram confirmados por outras pessoas trabalhando no campo? São perguntas que alguém que usa essa frase deveria ser capaz de responder. Se não for, então não há motivo para se deixar convencer pela frase, que é, portanto, vazia de conteúdo.

Com efeito, é pouco provável que especialistas em determinada área usem uma frase tão vaga quanto "as pesquisas mostraram que..."; é mais provável que mencionem uma pesquisa específica. Então, a expressão deveria deixar as pessoas alertas. Quem usa esta frase pode acreditar sinceramente que as pesquisas mostraram o que elas acreditam que tenham mostrado. Mas o mais frequente é que isto seja simplesmente **pensamento utópico**. Se acontecer de as pesquisas realmente mostrarem o que alegam terem mostrado, isso é geralmente uma feliz coincidência, mais do que algo que a pessoa que falou de fato soubesse (ver **falácia dos maus motivos**).

ataques pessoais
Ver **tática *ad hominem*** e **levar para o lado pessoal**.

autoengano
Ver **pensamento utópico**.

autoridade
Ver **curvar a cabeça, verdade por autoridade** e **autoridade universal**.

autoridade universal
Competência em um campo tomada como indicador de competência em um campo não relacionado. Especialistas em um campo, muitas vezes, sentem-se seguros para fazer comentários sobre outra área sobre a qual sabem muito menos. Membros incautos do público podem fazer a duvidosa **suposição** de que, porque alguém é uma autoridade reconhecida (ver **verdade por autoridade**) em determinada área, deve ser capaz de falar com igual autoridade sobre qualquer outro tema. Mas a

suposição de que alguém é especialista em todas as áreas certamente é falsa; a suposição de que um especialista em uma área é uma autoridade em áreas não relacionadas também costuma ser falha. O único motivo para se confiar em especialistas é que eles têm especialização na área sobre a qual estão se pronunciando.

Vejamos um exemplo: não há dúvida de que Albert Einstein foi um grande físico. Devemos levar a sério qualquer de seus pronunciamentos sobre física e tópicos correlatos. Mas não há motivo para achar que, porque ele foi um gênio como físico, seus comentários sobre a natureza da sociedade devam ser tratados como abalizados. Não há conexão óbvia entre o estudo da física e o estudo da sociedade humana. Certamente, ele era um homem de altíssima inteligência; mas a brevidade da vida humana significa que muitas pessoas inteligentes são relativamente mal-informadas sobre uma grande variedade de questões. Isso é mais relevante quando se trata de uma área que exige conhecimento detalhado, em vez da aplicação de técnicas de pensamento transferíveis. Simplesmente não é possível ser especialista em tudo (ver também **curvar a cabeça**).

B

bajulação
Ver **curvar a cabeça, verdade por autoridade** e **autoridade universal**.

benefício da dúvida
Ver **prova por ignorância**.

C

caricatura
Ver **espantalho**.

causa e efeito
Ver **correlação** = **confusão de causa** e *post hoc ergo propter hoc*.

círculos viciosos
Ver **argumentos circulares** e **definições circulares**.

companheiros na culpa, tática dos
Demonstra que o caso em questão não é único. Geralmente, tem a intenção de diluir a força de um argumento mostrando que exigências de **consistência** deviam levar aquele que argumenta a aplicar os mesmos princípios a outros casos, algo que ele ou ela pode não querer fazer. A tática ou manobra dos companheiros na culpa equivale a fazer ver que, se aquele que argumenta realmente quiser defender a conclusão dada, então vai ter de **engolir sapos** e aceitar que outros casos terão de ser tratados do mesmo modo, ou então explicar o que o presente caso tem que o torna diferente de outros casos que parecem ter os mesmos aspectos relevantes.

Por exemplo, se você acredita que o boxe profissional deveria ser proibido porque ele, às vezes, ocasiona lesões irreversíveis e até a morte, então um defensor desse esporte poderia destacar que o boxe não é, por esses motivos, um caso especial. Fórmula 1, críquete, rúgbi, caratê e corrida de lanchas também podem provocar lesões terríveis e são, por isso, companheiros na culpa com o boxe. Para ser consistente, o opositor do boxe teria de adotar a mesma posição em relação a todos esses esportes ou mostrar como eles são diferentes do boxe de um modo relevante. É claro que pode haver razões para isso: uma razão apresentada com frequência para destacar o boxe é que este é um dos pouquíssimos esportes em que o efetivo dano físico ao seu oponente é um dos objetivos principais. Usar a tática dos companheiros na culpa pode forçar seu adversário a ser explícito quanto ao que ele ou ela julga ser exclusivo do tópico em questão.

Considere agora um exemplo mais literal de companheiros na culpa. Quando Jesus impediu uma multidão de apedrejar uma mulher pega em adultério, ele sugeriu que qualquer um dentre eles que não tivesse pecado atirasse a primeira pedra. A ideia era de que, se a mulher era culpada, assim também o eram todos os que se encontravam na multidão. Mas é possível que os pecados de alguns dos que estavam dispostos a lapidar a mulher fossem de um tipo diverso o suficiente (pecados de pensamento, talvez, em vez de pecados de ação) para situá-los à parte da mulher, e que eles pudessem argumentar serem os pecados daquela mulher de uma natureza mais grave do que a dos seus (embora não, presume-se, tão séria a ponto de justificar a prática cruel do apedrejamento).

Algumas utilizações da tática dos companheiros na culpa são dúbias. Por exemplo, algumas pessoas usam-na para desculpar mau comportamento com o pretexto de que outras pessoas também se comportam mal (ver "**todo mundo faz isso**").

comparar igual com igual
Ver **analogia, argumentos por** e **desanalogia**.

conceito de semelhança familiar
Um nome cunhado pelo filósofo Ludwig Wittgenstein para aquelas palavras ou aqueles conceitos que não podem ser definidos em termos de **condições necessárias e suficientes**.

Wittgenstein, por exemplo, salientou que se buscaria em vão encontrar os aspectos essenciais de todos os jogos, aqueles que faziam com que jogos fossem jogos e não alguma outra coisa. Se pensarmos em futebol, tênis, xadrez, paciência, jogos olímpicos e assim por diante, é difícil encontrar aspectos que eles todos tenham em comum e que, no entanto, os distingam de todas as outras atividades. Isso, pensava Wittgenstein, era porque não existe um aspecto definidor de um jogo, somente um padrão de semelhanças que se sobrepõem entre as coisas diferentes que chamamos de jogos. O nome "conceito de semelhança familiar" vem do fato de que diferentes membros de uma família podem ser reconhecivelmente semelhantes, sempre que todos tenham um ou mais traços em comum. De modo similar, jogos podem ser todos reconhecivelmente jogos sem que todos, por exemplo, tenham regras ou sejam competitivos. Esses são aspectos comuns a alguns, mas não a todos os jogos.

A noção de um conceito de semelhança familiar é um trunfo útil para aqueles que afirmam que a **falácia socrática** é autenticamente uma falácia porque mostra como podemos entender e usar muitos conceitos sem ser capazes de dar-lhes definições precisas. Também sugere por que os que tentaram dar uma definição plausível de conceitos como "arte" ou "a vida boa", relacionando **condições necessárias e suficientes**, não tiveram sucesso: se esses são conceitos de semelhança familiar, então eles resistirão sempre a ser rotulados por essa abordagem a uma definição.

conclusão

O principal juízo a que se chega em um **argumento**. Apesar do nome, conclusões não concluem necessariamente um argumento no sentido de fazer chegar ao fim; muitas vezes, conclusões são afirmadas primeiro e, em seguida, são apresentadas razões em seu apoio.

Na argumentação seguinte, a conclusão é a primeira afirmação:

> A família real britânica devia ser abolida.
> Ela é um símbolo de desigualdade.
> E seus problemas matrimoniais foram um péssimo exemplo para o restante da população.

A conclusão só se segue logicamente se forem feitas certas **suposições** sobre as condições para a abolição da monarquia, assim como a de que se deveria abolir qualquer símbolo de desigualdade ou qualquer mau exemplo para a população.

Um dos principais objetivos do pensamento crítico é chegar a conclusões verdadeiras baseadas em um bom raciocínio a partir de premissas verdadeiras (ver também **argumento sólido**).

condições *ad hoc*

Condições acrescentadas a uma **hipótese** para torná-la consistente com alguma nova observação ou fato descoberto. Se a sua hipótese é ameaçada por algum fato inconveniente que é incapaz de explicar, você tem estas opções: pode abandonar sua hipótese e buscar uma nova, que *seja* capaz de explicar esse fato novo; ou então pode acrescentar uma condição especial à sua hipótese geral, uma condição *ad hoc*.* Remendar uma hipótese é uma tática que pode ser aceitável, mas frequentemente não é. Isso pode ser visto mais claramente considerando-se exemplos.

Um político poderia alegar que, se os ricos forem estimulados a ficar mais ricos, os mais pobres se beneficiarão, porque a riqueza gerada pelos ricos gradualmente pingará para os pobres. Pelo bem da discussão, suponha (ver **suposição**) que um estudo de cinco anos demonstrasse que esse efeito de pingadouro simplesmente não ocorreria. Poder-se-ia, então, esperar que o político abandonasse a hipótese inicial. Outra opção, no entanto, seria acrescentar uma condição especial à hipótese, para impedir que o resultado apresentado pelo estudo funcionasse como uma **refutação** dela. Por exemplo, a nova hipótese poderia ser: "Se os ricos forem estimulados a ficar mais ricos, então os mais pobres se beneficiarão, porque a riqueza que os ricos gerarem gradualmente pingará para os pobres, *mas os efeitos disso não serão visíveis nos cinco primeiros anos.*" Se o país em questão estiver acabando de sair de uma recessão,

---

* Expressão latina que significa "a isto" ou "para isto". Diz-se que uma coisa foi feita *ad hoc* quando se faz especificamente para adequar-se a uma circunstância nova que se apresenta, donde "feito *ad hoc*" poderia ser, *grosso modo*, traduzido como "feito para isso mesmo". (*N. do T.*)

poderia ser acrescentada uma condição *ad hoc* diferente: "*mas os efeitos de estimular os ricos a ficar mais ricos serão encobertos pelos efeitos de uma recessão.*"

Um biólogo poderia apresentar a hipótese de que todos os organismos vivos independentes são unicelulares (consistem em uma única célula) ou multicelulares (têm muitas células). No entanto, a existência de um animal bizarro, conhecido como *slime mould*,* confunde a hipótese; revelando-a como uma **falsa dicotomia**, uma vez que, em determinado estágio, o *slime mould* é um organismo unicelular independente e, em outro estágio de seu desenvolvimento, ele se une a outros *slime moulds* unicelulares para formar um organismo multicelular. A existência de *slime moulds* confunde a hipótese. À luz disso, o biólogo poderia modificar a hipótese inicial para "todos os organismos vivos independentes, exceto *slime moulds*, são unicelulares ou multicelulares". Esta seria uma modificação aceitável; no entanto, se houvesse um grande número de espécies que, como o *slime mould*, desafiassem a simples dicotomia da hipótese, acrescentar mais condições *ad hoc*, em certo ponto, destruiria a força da generalização.

Há uma linha tênue entre tornar uma hipótese mais detalhada à luz de novas evidências e solapar sua força como generalização acrescentando numerosas condições de exceção.

condições necessárias e suficientes

Uma condição necessária é aquela que constitui um prerrequisito, ou seja, um requisito indispensável, como, por exem-

---

* Literalmente, "fungo viscoso", é um organismo complexo, com características do reino animal, funghi e protozoa. Já foi considerado um protozoário, mas costuma ser enquadrado no reino dos fungos. (*N. do T.*)

plo, saber ler é uma condição necessária para entender o sentido deste livro. Mas não é uma condição suficiente, porque você pode saber ler e ainda assim achar o livro abstrato demais para seu entendimento. Saber ler não garante que você poderá entendê-lo, mas se você não souber ler, com toda certeza, não compreenderá o sentido. Uma condição suficiente é aquela que, se for atendida, garantirá que, seja o que for que estiver em questão, será satisfeito, como é condição suficiente para trabalhar legalmente nos Estados Unidos possuir um Green Card. (O que não é uma condição necessária, porque cidadãos norte-americanos não precisam de um Green Card para trabalhar legalmente; em outras palavras, ser um cidadão norte-americano é mais uma condição suficiente para trabalhar legalmente nos EUA.)

Alguns filósofos afirmaram que uma condição necessária para algo ser uma obra de arte é que seja um artefato; mas isso não é condição suficiente para ser uma obra de arte, uma vez que inúmeros artefatos não são obras de arte; o telheiro do meu jardim, por exemplo. Alguns filósofos sustentaram que ser colocado em uma galeria de arte e apreciado por qualidades estéticas é uma condição suficiente para algo ser uma obra de arte: alguma coisa que é tratada desse modo deve, por conta disso, ser uma obra de arte (ver também **conceito de semelhança familiar** e **falácia socrática**).

condições suficientes
Ver **condições necessárias e suficientes.**

confusão ou equívoco
Um tipo de **ambiguidade léxica**, na qual a mesma palavra ou expressão é usada duas ou mais vezes em um **argumento**, mas

com sentidos diferentes. O autor da confusão trata os diferentes usos da palavra ou expressão como se tivessem o mesmo significado.

Considerem, por exemplo, esta variante de uma famosa **dedução**:

Todos os homens são mortais.
Pelé é um homem.
E, no entanto, Pelé é imortal.
Então pelo menos um homem é imortal.

Ou esta:

Todos os homens são mortais.
Boudicca não era homem.
Então é possível que Boudicca fosse imortal.

No primeiro exemplo, como pode ser verdade que Pelé seja, ao mesmo tempo, um homem (e, portanto, mortal) e imortal? Isto parece ser equivalente a dizer que Pelé é e não é mortal: uma flagrante **contradição**. A resposta é que as palavras "mortal" e "imortal" estão sendo usadas de um modo confuso, o que permite alguém ser as duas coisas sem contradição. "Mortal", aqui, significa "que vai morrer um dia"; mas "imortal" não se refere a quem nunca sofrerá morte física, mas, sim, àqueles cuja fama perdurará mesmo depois que eles morrerem. Quando usadas deste modo, não há contradição em dizer que um homem há de morrer e que é imortal.

O segundo exemplo fornece mais uma mostra de equívoco. Desta vez, a palavra usada em sentidos diferentes é "homem": na primeira premissa, na qual ocorre no plural, tem a clara intenção de significar "seres humanos"; na segunda, pretende significar "ser humano do sexo masculino". Ambos os exemplos são um tanto exagerados: são deliberadamente paradoxais em suas conclusões e sem probabilidades de causar autêntica confusão.

Considere mais um exemplo, desta vez ligeiramente mais realista. Alguém poderia argumentar seguindo estas linhas de raciocínio:

> Nunca será direito enganar alguém deliberadamente. Então ninguém tem o direito de enganar alguém deliberadamente.

A primeira premissa usa a palavra "direito" para significar "moralmente certo"; a segunda parece referir-se a direitos *legais* que, embora relacionados, não têm o mesmo significado. Parece evidente que muitas ações moralmente erradas não são proibidas pela lei: por exemplo, poderia ser moralmente errado comer a carne que foi produzida de modo cruel, mas, do jeito como as coisas são, você tem o direito legal de fazê-lo, se quiser. Passar, desse modo, do que é moralmente certo para o que se tem o direito legal de fazer é uma maneira de equívoco ou confusão. Este tipo de equívoco tipicamente tem origem no descuido; no entanto, muitas instâncias de equívoco envolvem algum mal-entendido intencional (ver também **espantalho**).

Se, por exemplo, alguém advoga igualdade como meta política, é altamente improvável que pretenda que "igualdade" seja entendido como "uniformidade total". A exigência de igualdade é uma exigência de igualdade de tratamento, igualdade de respeito, igualdade de acesso ao poder, igualdade de oportunidade, a redução de traços irrelevantes e assim por diante. Quase nunca é uma exigência de que seja dado a todos precisamente o mesmo tratamento em todos os aspectos. Nem é seu objetivo criar um mundo em que todos sejam o mais idênticos possível. E, no entanto, alguns críticos do igualitarismo oscilam entre interpretar "igualdade" tanto dos modos anteriormente descritos quanto como "uniformidade". O argumento deles, em geral, assume a seguinte forma:

> Você quer igualdade (de tratamento, respeito, acesso ao poder, oportunidade etc.).
> Igualdade (no sentido de "uniformidade total") é uma meta irrealizável e indesejável.
> Portanto, o que você quer é irrealizável e indesejável.

Dito assim, é fácil ver que este tipo de crítica envolve equívoco ou confusão sobre o sentido de "igualdade". Esse equívoco não é necessariamente deliberado. Quando é deliberado, é geralmente uma forma de **sofisma** ou, talvez, de **pensamento utópico**.

confusão todos/alguns

Um tipo de **ambiguidade** que surge quando as palavras "alguns" ou "todos" são omitidas e o contexto não deixa claro qual delas era pretendida.

A frase "Gatos têm caudas", por exemplo, poderia ser entendida de diversos modos diferentes. Poderia significar "*Todos* os gatos têm caudas", caso em que seria falsa, uma vez que gatos Man (da ilha de Man) não têm. Poderia significar "A *maioria* dos gatos tem cauda", o que é verdade. Ou poderia querer dizer "Gatos *tipicamente* têm caudas", o que também é verdade.

Na maioria dos casos, o contexto elimina a **ambiguidade**. Entretanto, esse não é sempre o caso. Um motivo para se saber que significado é pretendido é que uma afirmação que começa com "Todos", assim como "Todos os jogadores de futebol têm bom preparo físico", pode ser refutada com um único **contra-exemplo ou contra-argumento**; enquanto afirmações como "Alguns jogadores de futebol têm bom preparo físico", "A maioria dos jogadores de futebol tem bom preparo" e "Jogadores de futebol tipicamente têm bom preparo físico" não podem ser tão facilmente refutadas (ver **refutação**).

Às vezes, as pessoas deixam de fora as palavras "alguns" ou "todos" a fim de fazer com que seus pronunciamentos pareçam mais fortes do que realmente são. Por exemplo, alguém poderia dizer:

> As mulheres são fisicamente mais fracas do que os homens.
> Você é mulher.
> Então você deve ser fisicamente mais fraca do que eu, porque sou homem.

Este é um tipo de **sofisma**. A primeira **premissa** só pode ser plausivelmente entendida como "A maioria das mulheres é fisicamente mais fraca do que a maioria dos homens" ou "Mulheres são geralmente mais fracas do que homens"; ela certamente não pode significar "*Todas* as mulheres são fisicamente mais fracas do que *todos* os homens", o que é falso de forma razoavelmente óbvia. E, no entanto, foi precisamente assim que o debatedor a entendeu. Só se ela for entendida deste modo é que a **conclusão** se segue das premissas, senão é um *non sequitur*.

consenso
Ver **falácia democrática** e **verdade por consenso**.

consequente
A segunda parte de uma afirmação "se... então" (ver **afirmações condicionais**). Por exemplo, em "Se você passar tempo demais em frente à tela do computador, então vai ter vista cansada", o consequente é "vai ter vista cansada".
Ver **antecedente, afirmar o antecedente, afirmar o consequente, negar o antecedente, negar o consequente**.

consistência
Duas convicções são consistentes se ambas podem ser verdadeiras e inconsistentes se apenas uma delas puder. Por exemplo, minha convicção de que pessoas que são pegas bebendo e dirigindo deveriam ser severamente castigadas e minha convicção de que beber álcool tende a deixar as pessoas hiperconfiantes quanto à sua competência na direção são consistentes, uma vez que posso acreditar em ambas sem sugerir qualquer **contradição**. Minhas convicções de que a tourada é um esporte cruel e de que Londres fica na Inglaterra também são consistentes, apesar de completamente não relacionadas. No entanto, se eu achasse que toda destruição de óvulos humanos fertilizados é moralmente errada e que o uso do dispositivo intrauterino (DIU) é moralmente aceitável, eu teria, por certo desavisadamente, convicções inconsistentes. Isso porque o DIU frequentemente funciona destruindo óvulos fertilizados em vez de simplesmente impedir que óvulos sejam fertilizados. Então eu estaria acreditando *tanto* que toda destruição de óvulos fertilizados é moralmente errada *quanto* o uso de um dispositivo que, às vezes, provoca a destruição de óvulos ferti-

lizados é moralmente aceitável. Ou, para que a contradição implícita se torne ainda mais patente e flagrante, eu acreditaria que toda destruição de óvulos humanos fertilizados é tanto sempre moralmente errada quanto nem sempre moralmente errada.

A aplicação consistente de princípios significa não fazer exceções especiais sem bons motivos (ver **companheiros na culpa, tática dos** e **condições *ad hoc***). Se, por exemplo, um país intervém na guerra civil em outro país, declaradamente por motivos humanitários, a consistência exigiria que medida semelhante fosse tomada em qualquer caso relevantemente semelhante. A falta de consistência poderia sugerir que o primeiro país tinha um **interesse pessoal** em algum resultado particular da guerra civil em questão e que o princípio apresentado não era o real motivo do envolvimento, mas sim uma **racionalização**.

continuum
Ver **pensamento em preto e branco, demarcar um limite** e **argumento da ladeira escorregadia**.

contradição
Duas afirmações que não podem ser ambas verdadeiras, porque uma nega a outra. Por exemplo, eu me contradigo se disser que estive e que não estive em Nova York. Eu tanto afirmo quanto nego ter estado lá. Pode-se contradizer qualquer afirmação, prefixando-a com as palavras "não é o caso de" (ver também **consistência** e ***reductio ad absurdum***). É um princípio básico da lógica, às vezes conhecido como o *princípio de não contradição*, o de que uma afirmação não pode ser, ao mesmo tempo, verdadeira e falsa.

contraexemplo ou contra-argumento
Um caso particular que refuta uma generalização. Como é possível demonstrar que generalizações podem ser falsas por meio de uma única exceção, discutir por contra-argumento é um instrumento poderoso para derrubá-las, e é particularmente eficaz contra **generalizações precipitadas**. Por exemplo, se alguém faz a generalização precipitada "Todas as caligrafias de médicos são ilegíveis", então um único caso de um médico cuja caligrafia pudesse ser lida a refutaria. Essas afirmações abrangentes são um convite a se procurar contra-argumentos. De modo semelhante, se alguém declarasse "Nunca houve grandes cientistas do sexo feminino", então a menção a Marie Curie seria suficiente para refutar essa generalização, sem necessidade de citar quaisquer outras mulheres cientistas que pudessem razoavelmente ser consideradas notáveis.

Supondo que o contraexemplo seja autêntico, o único recurso da pessoa cuja generalização foi tão conclusivamente refutada é rever ou abandonar a generalização. Uma forma de revisão é simplesmente acrescentar **condições** *ad hoc*; isso raramente é satisfatório. Em muitos casos, trocar o "todos" explícito ou implícito para "alguns" ou "muitos" deixará a afirmação original imune aos simples **argumentos nocauteantes** fornecidos por apenas um contraexemplo (ver também **exceção que confirma a regra**).

contrários
Duas afirmações que não podem ser ambas verdadeiras, embora ambas possam ser falsas. Não se deve confundir com **contradição**, em que uma afirmação é a negação da outra, de modo que ambas não podem ser falsas nem verdadeiras.

As afirmações "remar é o melhor esporte para o preparo físico" e "nadar é o melhor esporte para o preparo físico", por exemplo, são contrárias. Não podem ser ambas verdadeiras, uma vez que só pode haver um melhor esporte para o preparo físico. Se uma das duas afirmações *é* verdadeira, então a outra deve ser falsa. Mas elas podem também ser *ambas* falsas, se, por exemplo, se descobrir que o boxe é o melhor esporte para o preparo físico. As duas afirmações anteriores não se contradizem. "Remar é o melhor esporte para o preparo físico" e "remar não é o melhor esporte para o preparo físico" são um exemplo de contradição direta. Se, no entanto, alguém acertadamente declara que "nadar é o melhor esporte para o preparo físico", então isso implica que remar não é o melhor esporte para a boa forma. Nesse caso, a afirmação implícita seria uma contradição da afirmação de que "remar é o melhor esporte para o preparo físico".

correlação = confusão de causa

Erro ao tratar uma correlação como prova conclusiva de uma conexão causal direta. Dois tipos de eventos podem ser correlacionados, isto é, sempre que se encontrar um geralmente se encontra o outro sem que haja uma conexão causal direta entre eles. Só porque duas coisas tendem a estar juntas não se segue que uma delas cause a outra. Entretanto, muita gente age como se qualquer correlação fosse prova de uma ligação causal direta. Mas essa correlação pode resultar de uma causa comum aos dois eventos, de mera coincidência, ou ela pode fornecer tanta evidência de uma hipótese alternativa quanto fornece daquela que se acredita seguir dela (ver **explicações alternativas**). Isto não equivale a dizer que correlações são irrelevantes para responder a perguntas sobre causas: longe

correlação = confusão de causa

disso, elas são a base para a maioria dos julgamentos sobre causas. Contudo, é importante reconhecer erros comuns que as pessoas cometem quando raciocinam sobre causas.

É fácil encontrar exemplos de correlações que são muito mais sistemáticas do que poderia ocorrer por acaso e que, no entanto, seria absurdo tratar como evidências de uma ligação causal direta. Por exemplo, existe um alto grau de correlação entre o tamanho dos sapatos e o tamanho do vocabulário de certas pessoas: pessoas com tamanhos de sapato maiores tendem a ter vocabulários muito maiores do que pessoas com tamanhos de sapatos menores. Mas ter pés grandes não é *causa* de que se ganhe um vocabulário maior; nem ter um grande vocabulário *causa* o crescimento dos pés. A explicação óbvia dessa correlação é que crianças e rapazes tendem a ter pés muito menores do que os adultos, e, porque crianças e jovens adquirem seu vocabulário gradualmente conforme vão envelhecendo, é muito natural que, na média, pessoas com pés pequenos tenham vocabulários menores. Em outras palavras, o tamanho do pé e o tamanho do vocabulário podem ser explicados em termos de aspectos do processo de desenvolvimento humano, da infância à vida adulta: uma causa que ambos os fenômenos observados têm em comum.

Correlações podem proceder mais de coincidência do que de elos causais; isso é particularmente provável quando forem relativamente poucos os exemplos da correlação sobre os quais basear a conclusão. Por exemplo, uma fã de esportes supersticiosa pode notar que todas as vezes que ela usou seu anel de sorte seu time venceu; quando ela se esqueceu de botá-lo no dedo, seu time perdeu. Sendo supersticiosa, ela concluiu que, de alguma forma, usar o anel foi a *causa* de seu time ter vencido, quando de fato foi pura coincidência, como ela sem dúvida descobriria se observasse o padrão de desempenho do seu time em relação ao uso do anel ao longo de, digamos, um ano. O raciocínio da fã de esportes supersticiosa é um exemplo do erro de raciocínio tradicionalmente conhecido como *post hoc ergo propter hoc* (latim: "depois disto, logo, por causa disto", ou seja: "como ocorreu (a vitória) depois disto (o uso do anel), *logo* ocorreu *por causa* disto"), um padrão de raciocínio a que os seres humanos são especialmente propensos.

Descobrir uma relação entre supostos causa e efeito deveria ser apenas o primeiro estágio para se desvendar as causas de vários fenômenos; em todos os casos, uma explicação plausível de *como* a causa provoca aquele efeito particular é necessária. Um ceticismo saudável sobre elos causais pretensamente na base de uma correlação observada é louvável, embora isso possa ser levado longe demais. Por exemplo, pelo menos um cientista eminente atacou uma hipótese muito plausível sobre a ligação causal entre fumar e contrair câncer no pulmão. O motivo para seu ataque origina-se no tipo de consideração discutido anteriormente: a possibilidade de dois fenômenos correlatos terem uma causa comum, mais do que um ser a causa do outro. Apesar do grau de correlação entre ser um fumante inveterado e ser acometido por câncer pulmonar na idade mais madura, e das convincentes explicações médicas de como essa ligação ocorre, o cientista alegava que as evidências apontavam em outra direção. Ele afirmava que pessoas que são geneticamente propensas a contrair câncer pulmonar têm muito mais possibilidades de adquirir o hábito de fumar. Então, não é o fato de fumar que causa o câncer pulmonar, mas se é o tipo de pessoa tanto capaz de se viciar em cigarros quanto de desenvolver um câncer pulmonar que explica a correlação observada entre fumar e desenvolver câncer no pulmão. É possível que o cientista estivesse simplesmente fazendo as vezes de **advogado do diabo**, para levar os cientistas a aprofundar seus raciocínios sobre o ato de fumar. No entanto, se não era esse o caso, então sua hipótese alternativa deveria ser avaliada por sua força como explicação e sua habilidade de previsão.

cortina de fumaça
Um truque de **retórica** no qual um debatedor disfarça sua ignorância ou desonestidade por trás de uma cortina de **jargão**, **pseudoprofundidade** ou **sofisma** sem sentido. À primeira vista, o ouvinte desprevenido pode ficar absorto nos pronunciamentos de aparência inteligente; examinando melhor, resulta que nada importante foi dito.

curvar a cabeça*
Ser excessivamente deferente. Houve muitos grandes pensadores na história, e seria tentador tratar algo que tenha sido dito por um pensador que você admira muito como se fosse obviamente verdade. Às vezes, pode haver excelentes motivos para se apoiar nas opiniões de especialistas e na autoridade dos que dedicaram a vida ao estudo de um assunto particular (ver **verdade por autoridade** e **autoridade universal**). No entanto, essa atitude pode ser levada longe demais e degenerar em obsequiosidade e humildade excessivas, o que atrapalha o pensamento crítico. *Kowtowing* significa, literalmente, curvar-se e tocar o chão com a testa, em sinal de deferência.

---

* Originalmente, *Kowtowing*, termo que designa a tradicional reverência chinesa aos superiores. (*N. do T.*)

Um exemplo: embora Friedrich Nietzsche tivesse muitas ideias interessantes e densas sobre uma série de assuntos, levar a sério seus pronunciamentos sobre as mulheres seria meramente curvar a cabeça a ele (há uma famosa declaração dele: "Quando fores encontrar uma mulher, não te esqueças de levar o chicote"), só porque ele é um pensador que você respeita. A aceitação acrítica das ideias de outras pessoas leva à estagnação mental.

D

dedução
Raciocínio válido (ver **validade**) das **premissas** à **conclusão**. Argumentos dedutivos são preservadores da verdade, isto é, se você começa com premissas verdadeiras, a conclusão deve ser verdadeira. Diferentemente da **indução**, a dedução, a partir de premissas verdadeiras, garante conclusões verdadeiras.

A seguir, um exemplo de argumento dedutivo:

> Se alguém bebe e dirige, merece ser penalizado.
> Você bebe e dirige.
> Então, você merece ser penalizado.

Se as premissas são verdadeiras, então a conclusão deve ser verdadeira. A conclusão destaca o que está implícito nas premissas. Eis mais um exemplo de dedução:

> Todos os deuses são imortais.
> Zeus é um deus.
> Portanto, Zeus é imortal.

Mais uma vez, se as premissas são verdadeiras, então a conclusão deve ser verdadeira.

definição
Ver **definição circular, definições de dicionário, neologizar, condições necessárias e suficientes, falácia socrática** e **definições estipulativas**.

definição circular
Ocorre quando o que tiver de ser definido (o *definiendum*) se revela na definição (o *definiens*). O intuito de definir um termo é explicar seu significado; isso obviamente não pode ser conseguido se você precisa ainda entender o sentido do termo a fim de entender a definição. Definições circulares, então, deturpam o propósito da definição.

Por exemplo, definir "filosofia" como "a atividade exercida por filósofos" seria dar uma definição circular, se não houvesse um modo independente óbvio de entender o que faz um filósofo à parte o fato de que se envolve em atividade filosófica. Definir "estresse" como "as reações fisiológicas e psicológicas a situações estressantes" seria, igualmente, dar uma definição circular. Isso porque se presume que situações *estressantes* só são identificáveis pelo fato de que tendem a produzir *estresse*; mas o significado de "estresse" é exatamente o que alguém que pede a definição está procurando entender e, então, não deveria estar pressuposto na definição.

definição persuasiva
Forma de **retórica** em que uma palavra é definida de um modo particularmente **emotivo** ou evocatório da questão (ver **esquivar-se da questão**). Assim, a definição será usada para chegar à conclusão desejada sobre o assunto discutido.

Veja o caso de alguém que definisse "democracia" como "governo do populacho"; essa pessoa seria culpada por usar uma definição persuasiva, uma vez que as conotações da palavra "populacho" são negativas e sem dúvida calculadas para despertar oposição à democracia; na maioria das discussões sobre democracia, este tipo de definição estaria evocando a questão sobre o valor da democracia.

definições de dicionário
Descrições de como as palavras são e vêm sendo usadas. Algumas pessoas tratam o dicionário como o árbitro final em questões de significado. Por exemplo, elas dão como certo que a pergunta "O que é arte?" pode ser respondida consultando-se o melhor dicionário disponível. Mas isso é excesso de otimismo: quando as pessoas fazem uma pergunta como "O que é arte?" não estão esperando esse tipo de informação. Sabemos, *grosso modo*, como as pessoas usam a palavra "arte", mas isso não resolve a questão do que a arte efetivamente é nem se certos modos de usar a palavra se justificam ou não. Uma resposta satisfatória à pergunta ultrapassará em muito uma descrição de prática linguística e, talvez, nos dirá se temos justificativa para, por exemplo, aplicar essa palavra a uma ovelha morta pendurada em um tanque de formol.

Um simples registro do uso de palavras particulares será indeterminado sobre se existe uma justificativa independente para usar as palavras desse modo. Além do mais, definições de dicionário são geralmente muito curtas e, muitas vezes, um tanto vagas (ver **vaguidão**); às vezes, elas meramente fornecem sinônimos ou quase sinônimos da palavra em questão. Pode ser tentador começar uma discussão sobre a natureza da justiça consultando-se um dicionário confiável para ver como a palavra é comumente usada. Mas isso não responderá à pergunta do filósofo político: "O que é justiça?" No melhor dos casos, pode fornecer um ponto de partida para a discussão. Tratar o dicionário como o árbitro em debates desse tipo é dar-lhe uma autoridade inadequada; isso envolve a **suposição** de que o uso comum de um termo é aquele para o qual há a melhor justificativa, uma **suposição** geralmente injustificada. Isso não é equivalente a dizer que o dicionário não pode ser o árbitro final em *algumas* questões; se você quiser saber como as palavras são usadas e como elas são convencionalmente grafadas, então o dicionário é onde se deve procurar. No entanto, esperar que um dicionário forneça as respostas a perguntas teóricas como "O que é arte?" ou "O que é justiça?" é um equívoco (ver também **falácia etimológica, neologizar, falácia socrática** e **definições estipulativas**).

definições estipulativas
Definições que resultam de decisões conscientes e explícitas sobre como uma palavra ou locução deve ser usada, em vez de definições baseadas na análise de como as palavras são habitualmente usadas (ver **definições de dicionário**). Dar uma definição estipulativa de uma palavra ou expressão é equivalente a dizer: "É assim que vou usar esta palavra ou expressão, ainda que ela, às vezes, seja usada com um significado ligeiramente diverso." Para evitar confusões, muitas vezes é necessário deixar claro o que você quer dizer com uma palavra ou locução particular. Isto é especialmente importante se a estiver usando de um modo incomum ou quando ela tem um grande número de interpretações possíveis. Geralmente, isso significa dar uma definição mais limitada ou pelo menos mais seletiva do que a que se encontra no dicionário. Seria absurdo parar para dar definições de todos os termos importantes em um **argumento**. A fim de nos comunicar, precisamos fazer

muitas **suposições** sobre conhecimentos e convicções linguísticos que tenhamos em comum. Entretanto, particularmente no campo da pesquisa **empírica**, definições estipulativas de termos-chave podem evitar confusão.

Por exemplo: uma equipe de psicólogos conduzindo uma pesquisa em educação poderia estipular que, quando descreverem alguém como "inteligente", o que querem dizer, para os fins do projeto de pesquisa, é que essa pessoa é capaz de marcar mais de 100 em um teste de QI. A palavra "inteligência" é um tanto vaga, a não ser que se lhe dê uma definição precisa, ou que esteja sendo usada em um contexto no qual uma definição assim está implícita. Dar uma definição estipulativa aqui evita confusão, deixando explícito como esses pesquisadores estão usando o termo.

Entretanto, às vezes o uso de definições estipulativas pode levar a mal-entendidos. Se alguém fosse ler o relatório dos psicólogos do exemplo anterior, esquecendo que a palavra "inteligente" estava sendo usada desse modo, essa pessoa, muito compreensivelmente, entenderia o termo em um sentido mais coloquial. O resultado seria uma falha de comunicação. Esses mal-entendidos têm mais probabilidade de ocorrer quando são dadas definições estipulativas para palavras de uso comum e quando essas definições diferem significativamente das do cotidiano.

É importante se dar conta de que é difícil despir palavras em uso comum de suas associações particulares e que muitos leitores rapidamente voltarão ao uso mais comum do termo, a não ser que sejam lembrados com frequência da definição estipulativa. "Pobreza", por exemplo, é uma palavra altamente emotiva (ver **linguagem emotiva**), sugerindo extrema carência e a falta de necessidades básicas como comida, teto e roupas. Alguns sociólogos, no entanto, usam o termo de um modo diferente, estipulando que a pobreza é sempre relativa às necessidades sociais típicas de uma sociedade particular. Usar esta definição estipulativa resultaria que alguém na Grã-Bretanha contemporânea que não pode ter um aparelho de televisão em cores deva, por esse motivo, ser considerado em situação de pobreza. E, no entanto, quando os resultados dessa espécie de investigação sociológica da pobreza forem publicados nos jornais diários, a maioria dos leitores vai achar difícil ter sempre em mente a definição especial de "pobreza". Palavras são teimosas: elas resistem a ter seu sentido cotidiano arrancado delas, e, em muitos casos, é melhor cunhar um novo termo do que estipular um sentido incomum para um antigo (ver também **neologizar**).

definições léxicas
Outra expressão para **definições de dicionário**.

demarcar um limite
Fazer uma distinção entre duas categorias que só diferem em grau. Onde existe um *continuum*, como o que há entre ricos e pobres, para alguns propósitos, como o de decidir quem deve ser escolhido para receber isenção fiscal, é necessário demarcar um limite entre o que deve ser considerado rico ou pobre. A decisão de onde traçar a linha pode ser, em certa medida, arbitrária, mas isso não significa que não tenhamos de fato que traçá-la. Às vezes, o fato de que uma linha de limite pudesse ter sido traçada em outra parte é tomado como evidência de que não devíamos traçar linha nenhuma ou de que a que foi traçada não tem força de vigência; na maior parte dos contextos, essa é uma visão errada.

Muitos casos de demarcação de limite surgem com relação à lei. Por exemplo, a maioridade na Grã-Bretanha foi fixada a partir dos 16 anos, embora pudesse ter sido estabelecida para uns poucos meses ou semanas mais cedo ou mais tarde, sem fazer qualquer diferença significativa. Mas isso não quer dizer que não se deveria demarcar limite algum; a fim de proteger a juventude da exploração sexual, é importante fixar uma idade abaixo da qual relacionamentos sexuais são proibidos por lei. Do mesmo modo, na Grã-Bretanha, o limite de velocidade em áreas habitadas é de 50 quilômetros por hora; poderia ter sido fixado em 40 ou 55 quilômetros por hora. Entretanto, de modo nenhum deveríamos ignorar o limite de velocidade, uma vez que a fronteira entre acelerar e dirigir com segurança foi estabelecida; não que a arbitrariedade da velocidade exata em que a linha foi traçada signifique que pudesse ter sido fixada em 140 quilômetros por hora (ver também **argumento da ladeira escorregadia**).

desanalogia

O modo como duas coisas, sendo comparadas em uma analogia (ver **analogia, argumentos por**), diferem. Se houver uma séria desanalogia, isso derruba um argumento por analogia.

Se alguém tenta convencê-lo de que usar heroína não é significativamente diferente de tomar um ocasional copo de clarete, você pode derrubar o argumento dessa pessoa destacando um grande número de sérias desanalogias inerentes à comparação e, com isso, refutar seu argumento. Primeiro, embora haja riscos para a saúde ao beber vinho, eles diminuem se comparados aos que se originam do consumo de drogas pesadas. Em segundo lugar, beber vinho é legal, usar drogas é ilegal, donde, do ponto de vista social, há consequências muito mais sérias envolvidas no consumo de heroína do que no consumo de álcool. Somente essas duas desanalogias enfraquecem a analogia entre o consumo de heroína e de clarete e, então, derrubam quaisquer conclusões a que se tenha chegado com base nessa analogia.

A dificuldade, quando se chama a atenção para desanalogias entre duas comparações, reside em decidir o que deve contar como uma desanalogia *relevante*, uma vez que há desanalogias a ser encontradas entre quaisquer duas coisas. Destacar desanalogias irrelevantes não enfraquece um argumento por analogia.

desculpas
Ver **"todo mundo faz isso", "isso nunca me fez mal algum", racionalização** e **pensamento utópico.**

distração
Ver **irrelevância, resposta do político, pistas falsas** e **cortina de fumaça.**

ditados
Ver **verdade por adágio.**

E

economia com a verdade
Omissão seletiva de informação com o objetivo de enganar. Algumas pessoas se convencem de que decidir não dizer alguma coisa incriminadora é menos culposo do que a **mentira** deslavada. Consequentemente, elas vão a extremos para evitar dizer alguma inverdade, ao mesmo tempo em que se contentam perfeitamente em ser econômicas com a verdade e, com isso, enganar outras pessoas. Isso é puro **pensamento utópico** da parte delas. O errado com a mentira é, não só, que ela resulta em levar as pessoas a acreditar em algo que não é verdade, mas também que ela envolve logro deliberado e pode ter más consequências. No entanto, ser econômico com a verdade também envolve logro deliberado e pode ter consequências desagradáveis como a **mentira**. É, então, difícil justificar uma distinção moral entre os dois tipos de logro. A principal diferença parece ser que mentir costuma ser mais fácil de se provar do que casos de economia com a verdade.

Se a polícia parasse seu carro, tarde da noite, e perguntasse se você andou bebendo aquela noite, e você respondesse "Não, nem um gole", apesar do fato de ter passado a tarde toda bebendo (mas não a noite), então você seria culpado de logro, mesmo não tendo mentido. Um homem que, em resposta à pergunta "Você alguma vez me foi infiel?", responde à sua parceira: "Juro que nunca fiz sexo com outra mulher desde que estou com você" não está mentindo, está sendo econômico com a verdade de que fez sexo com um homem e, com sua resposta, está deliberadamente escondendo esse fato.

Ser econômico com a verdade é muito diferente de mero esquecimento. O primeiro caso envolve uma tentativa consciente de iludir outrem; o último pode revelar desejos inconscientes de iludir alguém, mas esses desejos e sua expressão não são do tipo pelo qual geralmente consideramos as pessoas responsáveis.

efeito de derrubada em sequência
Ver **efeito dominó**.

efeito dominó
Quando se permite que algo aconteça e isso desencadeia inevitavelmente uma série de eventos indesejáveis subsequentes, assim como, quando se derruba uma peça de dominó, esta derrubará a seguinte, que derrubará a próxima e assim por diante. Esta metáfora, em geral, é usada retoricamente (ver **retórica**). Políticos dos Estados Unidos a usaram (o que se tornou famoso) durante a Guerra do Vietnã para justificar o envolvimento de seu país: caso se permitisse que um Estado caísse sob o domínio do comunismo, então, pelo efeito dominó, haveria um efeito irreversível e inevitável de derrubada, com a queda de um Estado após outro sob o comunismo — ou, pelo menos, é o que eles diziam.

Obviamente, porém, como no muito relacionado **argumento da ladeira escorregadia**, a metáfora do efeito dominó só é relevante em alguns casos. Qualquer inevitabilidade de consequência irrompe do fenômeno em questão e não do rótulo que lhe é atribuído. A metáfora convence os que não param para pensar que existe uma consequência inevitável de uma ação particular; no entanto, na maioria dos casos em que a expressão "efeito dominó" é usada, trata-se apenas de uma técnica de convencimento e não é apresentada mais nenhuma prova ou argumento. Mesmo com dominós de verdade, o efeito dominó nem sempre ocorre inevitavelmente; um leve erro de alinhamento pode levar a interromper o efeito de derrubada, deixando algumas peças de pé.

Como com as analogias (ver **analogia, argumentos por**), deve-se sempre estar de olho em paralelos implícitos entre dois fenômenos e investigar se existem ou não, de fato, semelhanças relevantes entre o que está sendo comparado (ver também **desanalogia**).

empírico
Com base na experiência ou na observação. A pesquisa científica é empírica: ela se baseia em evidência adquirida por observação, que é usada para apoiar ou refutar (ver **refutação**) uma hipótese. Por exemplo, um pesquisador que quisesse descobrir se uma pílula ajuda ou não os insones a dormir conduziria um teste empírico. Isso poderia envolver comparação de padrões de sono entre um grande grupo de insones que tomaram a pílula e um grupo equivalente de insones que não a tomaram (ver também **evidência anedótica, indução** e **"as pesquisas mostram que..."**).

engano
Ver **economia com a verdade** e **mentiras**.

engolir sapos*

Aceitar as consequências aparentemente desagradáveis de princípios que você não está disposto a abandonar. Tal manobra ou tática pode ser muito desconcertante quando vem em reação ao que se achava ser uma **refutação** da posição de um oponente. Em geral, é inesperada e ocorre quando você pensa ter demonstrado que um princípio particular deve ser indefensável por causa de suas consequências absurdas ou sem atrativos (ver **tática das consequências absurdas** e *reductio ad absurdum*). Quando alguém aceita que as consequências propostas de fato se seguem *e nem assim abandona suas convicções*, pode ser muito difícil continuar a argumentar, uma vez que, a essa altura, fica claro que há pouca esperança de entendimento, isso porque suas **suposições** fundamentais são separadas por um imenso abismo. Os casos mais extremos de "engolir sapos" ocorrem quando aqueles com quem você está discutindo não têm nenhum escrúpulo em admitir contradições. É improvável que argumentos lógicos tenham muita força com tais pessoas. Os que engolem sapos, no entanto, são, na maioria, incapazes de aceitar contradições.

Por exemplo, um utilitarista rigoroso — isto é, alguém que acredita que em qualquer circunstância o moralmente certo a fazer é, seja lá o que for, aquilo que promova a máxima felicidade total — terá de enfrentar uma decisão difícil sobre a moralidade de se castigar gente inocente. Uma consequência do princípio utilitarista básico é que se pudesse ser demonstrado que castigar determinada pessoa inocente acarretaria, em

---

* No original, *biting the bullet*: expressão idiomática que significa "levar um tiro apontado para nossa boca e segurar a bala entre os dentes". (*N. do T.*)

algumas circunstâncias, maior felicidade do que qualquer outra ação possível (talvez porque a maioria do público acreditasse que essa pessoa era culpada e sentiria prazer com o conhecimento de que ela foi castigada), então seria moralmente certo, nessas circunstâncias, castigar aquela pessoa inocente. Para a maioria de nós, isso seria uma consequência desagradável do princípio utilitarista geral; para muitas pessoas, seria suficiente para lançar dúvida sobre a verdade desta versão simplista do utilitarismo e poderia proporcionar o ímpeto para rever (ver **condições *ad hoc***) ou para rejeitar por completo o utilitarismo. No entanto, um utilitarista linha-dura pode estar preparado para engolir sapos e simplesmente dizer: "Sim, isso é uma consequência da minha teoria e estou preparado para aceitá-la: em algumas circunstâncias, pode ser moralmente certo castigar uma pessoa inocente."

Ou, para citar outro exemplo, alguém pode adotar o princípio de que somente pessoas que nunca em suas vidas violaram uma lei poderiam tornar-se juízes. Embora, à primeira vista, isso possa parecer uma precaução sensata, pensando melhor, fica claro que isso, na verdade, afastaria quase todos os que hoje são juízes, uma vez que a grande maioria deles, em algum momento, provavelmente violou uma restrição de velocidade ou de estacionamento, ou então terá infringido a lei de algum outro modo insignificante, embora possa não ter sido processado. Não obstante, um linha-dura pode estar disposto a engolir sapos nessa questão e continuar a manter o princípio, ainda que isso afastasse quase todos os juízes existentes.

então
Ver **palavras de convencimento e persuasão** e **"portanto" espúrio** e **"então" espúrio**.

entimema
Um **argumento** com uma **premissa** omitida. Em outras palavras, é um argumento com uma **suposição** tácita sem a qual a **conclusão** seria um *non sequitur*.

Por exemplo, considerem o seguinte:

> Este jornal publica mentiras, então deveria ser fechado.

Quem diz esta frase pode muito bem estar apresentando um argumento implícito em vez de meramente alegar uma opinião (ver **alegação**): existe uma premissa tácita que, quando acrescentada, faz disso uma **dedução**. A estrutura do argumento quando apresentado inteiro seria:

> Qualquer jornal que publica mentiras deveria ser fechado.
> Este jornal publica mentiras.
> Então este jornal deveria ser fechado.

Obviamente, teria sido tedioso e desnecessário apresentar todo o argumento, e, na maior parte dos contextos, a premissa omitida ficaria entendida com razoável facilidade. No entanto, em muitos casos em que as suposições não são explicitadas pode haver um certo espaço para **ambiguidade**. Por exemplo, se alguém declarasse:

> Fumar em restaurantes é desagradável para não fumantes, portanto, deveria ser tornado ilegal.

Não ficaria claro qual era a premissa implícita. Poderia ser: "Todas as atividades públicas que algumas pessoas acham desagradáveis deveriam ser tornadas ilegais" (o que, se levado a sério, desencadearia um grave cerceamento das liberdades individuais; ver **companheiros na culpa, tática dos**) ou, talvez: "Todas as atividades públicas que um grande número de pessoas considera desagradáveis deveriam ser tornadas ilegais" (aqui, mais uma vez, se fosse aplicado a uma série de casos, levaria a um grave cerceamento das liberdades individuais). Talvez houvesse uma **suposição** implícita dos conhecidos efeitos perigosos de fumar passivamente que tornam a proibição de fumar em restaurantes um caso especial; ou, talvez, o princípio adotado seja o de que qualquer atividade, quer privadamente ou em público, que cause afronta a outrem deveria ser proibida (um princípio extremo e inexequível). Neste tipo de caso, é importante esclarecer a premissa oculta. Muitas vezes os oradores são um tanto obscuros quanto a quais são suas premissas implícitas; nesses casos, o uso de "então" ou "portanto" pode ser espúrio (ver **"então" e "portanto" espúrio e "então" espúrio**).

enunciado abrangente
Ver **generalização precipitada**.

espantalho
Uma caricatura do que é o ponto de vista do seu oponente, armada para que você possa derrubá-la. Literalmente, um espantalho é um boneco feito de palha que serve para afastar as aves das plantações, mas também pode ser usado para a prática de tiro ao alvo (neste último caso chama-se apenas, mais literalmente, de *straw man*, ou homem de palha). Armar um espantalho em um argumento é o oposto de bancar o **advogado do**

diabo. Às vezes, é uma manobra deliberada, caso em que é uma vergonhosa forma de **retórica**. Mais frequentemente, envolve um grau de **pensamento utópico** originário da relutância generalizada em atribuir grande inteligência ou sutileza a alguém de quem se discorda intensamente. O excesso de confiança em sua própria posição pode levá-lo a tratar pontos de vista divergentes como alvos fáceis, quando, na verdade, eles podem ser mais complexos e resistentes a ataques simples.

Pode-se dar o exemplo de uma discussão sobre os méritos e deméritos dos zoológicos, na qual alguém poderia dizer que eles desempenhariam um importante papel conservacionista para espécies ameaçadas de extinção. Um oponente dos zoológicos poderia deturpar este argumento, talvez tratando-o como equivalente ao ponto de vista de que somente espécies ameaçadas deveriam ser mantidas em zoos. Um meio de fazer isto seria sugerir que o ponto de vista do defensor dos zoos era absurdo, porque implicaria que deveríamos libertar os animais não ameaçados de extinção. Evidentemente, o defensor dos zoos estava só posicionando-se favoravelmente aos zoológicos, em vez de sugerir que essa era a única defesa deles. Então, deturpando a posição do defensor, seu oponente armou-a como um alvo fácil de ser derrubado.

Dr. Samuel Johnson fez um ataque famoso à filosofia idealista de George Berkeley que defendia que não podemos ter certeza da materialidade de objetos físicos não percebidos pelos sentidos, exceto na hipótese de que Deus continua a percebê-los e que, portanto, tudo são ideias chutando uma pedra grande e declarando: "Eu o refuto *assim*." Seu argumento era ser impossível acreditar que algo tão sólido fosse realmente composto apenas de ideias, mas Johnson estava enganado se realmente achava que o idealismo de Berkeley não seria capaz de explicar o fato de que o dedão de Johnson batera em pedra sólida. Somente uma caricatura dos pontos de vista de Berkeley seria vulnerável a esse argumento. Então Johnson havia montado um espantalho. Embora costume ser tentador montar e derrubar alvos fáceis, essa atividade não tem lugar no pensamento crítico.

esquivar-se da questão*
Adotar a questão que está em controvérsia. Às vezes, isso envolve incorporar a **conclusão** do **argumento** em uma das **premissas**. Muitas vezes, implica também circularidade (ver **argumentos circulares**). Esta é uma forma válida de argumento (ver **validade**) e não uma **falácia formal**: se as premissas são verdadeiras, então a conclusão deve ser verdadeira. Entretanto, uma vez que se esquivar da questão envolve adotar o próprio ponto que está em questão, essa manobra não deveria convencer alguém que não tivesse decidido sobre esse ponto. É mais não informativo e irritante do que logicamente inválido.

Em um caso legal, por exemplo, se alguém está sendo julgado por uma acusação de assassinato e alegou inocência, seria fugir da questão referir-se a ele como "o assassino" em vez de "o acusado", antes de sua culpa ter sido estabelecida. Isto porque o sentido do caso legal é determinar se ele é ou não culpado, e chamá-lo de "assassino" seria assumir uma posição sobre o ponto que está em questão. O uso desse termo em outro contexto não seria esquivar-se de questão alguma.

---

* A expressão original é *begging the question*. *To beg the question* traduz-se por "cair em petição de princípio" (que significa explicar uma proposição apresentando a mesma proposição com outras palavras) ou, ainda, coloquialmente: "fugir da dificuldade", "correr da raia". (*N. do T.*)

esquivar-se da questão

O filósofo René Descartes, algumas vezes, foi controvertidamente acusado de cair em petição de princípio com seu famoso *cogito ergo sum* (penso, logo existo). Uma vez que se pretende que isso demonstre que eu existo, dizer "eu penso" pressupõe que eu existo e, então, adota uma resposta para aquilo que está em questão. Tudo que Descartes deveria ter dito, segundo seus críticos, era "está havendo pensamentos agora"; mas se ele tivesse dito isso, ter-lhe-ia sido difícil concluir "eu existo", a não ser que ele pressupusesse que quaisquer pensamentos devem ter um pensador. Entretanto, para sermos justos com Descartes, ele negou explicitamente que "eu existo" pretendesse ser a conclusão de uma dedução. Ele queria dizer que era psicologicamente impossível duvidar da verdade do pensamento. Então, talvez a crítica de que ele estava se esquivando da questão tenha sido voltada contra um **espantalho.**

Algumas maneiras de fugir da questão ocorrem no modo como certas perguntas são feitas. **Perguntas complexas**, muitas vezes, são evasivas desse modo. A pergunta que pretende responder "Quando foi que você começou a bater no seu marido?" pode esquivar-se da questão se você de fato bateu no seu marido. Ou, se um parente lhe pergunta o que você quer estudar na universidade, caso ainda precise ser estabelecido que você pretende fazer universidade, seria então mais razoável dividir a pergunta em suas partes constituintes: "Você pretende fazer universidade?" e "Caso positivo, o que pensa estudar lá?". Fazer a pergunta complexa seria, então, um caso de se esquivar da questão.

Isso tudo faz parecer que evasões da questão são relativamente fáceis de identificar; em muitos casos, não é óbvio o que ainda precisa ser estabelecido. O primeiro estágio é eliminar qualquer falta de clareza sobre o que está sendo discutido e deixar explícito o ponto em discussão. Somente quando isso for esclarecido será possível avaliar em que medida a questão foi evitada.

Existe um uso coloquial para *begging the question*, com o qual este não deveria ser confundido. Alguns jornalistas usam a frase para significar algo como "levantar a questão...", por exemplo em: "A dificuldade de livrar-se do lixo radioativo *begs the question*...". "A energia nuclear é realmente tão segura e econômica quanto diziam?" ou "A corrupção generalizada no serviço público *begs the question*..." e "Por que nunca houve uma investigação dessa má conduta?". Não há necessidade de usar *begs the question* neste sentido, uma vez que há numerosas alternativas inequívocas como "convidar a perguntar" ou "sugerir a pergunta".

evidência
Ver **evidência anedótica, empírico** e **"as pesquisas mostram que...".**

evidência anedótica
Indício originário de histórias selecionadas ou de algo que aconteceu com você ou com alguém que você conhece. Em muitos casos, constitui uma evidência muito fraca e envolve generalizações a partir de um caso particular (ver **generalização precipitada**).

Por exemplo, se você estiver debatendo se a acupuntura é ou não uma alternativa adequada à medicina convencional, alguém pode lhe contar que uma amiga tentou o tratamento com acupuntura e isso parece ter operado maravilhas. Por si só, isso é meramente evidência anedótica. Primeiro, há um risco de que detalhes da história possam ser alterados quando ela for contada. Mais importante ainda, afirmar, a partir desse caso isolado, que a acupuntura é uma alternativa adequada à medicina convencional seria irresponsável: evidência anedótica é diferente de uma investigação científica controlada sobre a eficácia da acupuntura. Por exemplo, um cientista investigando essa questão ia querer dispor de um grupo de controle para ver se as pessoas se recuperaram espontaneamente de enfermidades sem qualquer tratamento. Um pesquisador também consideraria mais do que um caso isolado e faria o acompanhamento da história de casos individuais para ver se ocorreu alguma melhora de saúde a curto prazo. E, é claro, teriam de ser feitas comparações entre os efeitos de acupuntura e o de técnicas médicas mais convencionais, levando em conta o efeito placebo e a possibilidade de recuperação espontânea. Evidência anedótica geralmente não pode proporcionar este tipo de informação de uma forma confiável e pode ser obscurecida por **pensamento utópico**.

A expressão "evidência anedótica" costuma ser usada para sugerir que a evidência é *meramente* anedótica, isto é, de um modo pejorativo. No entanto, nem toda evidência anedótica não é inconfiável: se você tiver motivo para ter confiança na fonte da evidência, então a evidência anedótica pode ajudar a apoiar ou a solapar uma conclusão. De fato, muitos tipos de investigação científica começam examinando-se evidência anedótica sobre o fenômeno a ser examinado, e, com base nisso, desenvolve-se um meio de testar de modo controlado se essa evidência indica ou não a verdade da questão. Por exemplo, uma investigação de curas possíveis para cólicas noturnas em pacientes idosos poderia começar examinando-se a evidência anedótica de que quinino em água tônica reduz sua ocorrência. Um exame detalhado de pacientes sob condições controladas poderia, então, revelar que a evidência anedótica não era confiável e que o quinino tinha apenas um efeito mínimo sobre a incidência de cólicas.

A adequação de se usar evidência anedótica depende inteiramente do contexto e do tipo de evidência anedótica.

exceção que confirma a regra
Um **contraexemplo** singular que testa a verdade de uma **generalização**. Nesta expressão comum, a palavra "teste" pode levar à confusão. Neste contexto, ela significa "submeter a teste": é um significado arcaico. Infelizmente, uma vez que o sentido habitual de "prova" é "confirma" ou "demonstra", alguns usuários dessa expressão tomam-na como "a existência de um contraexemplo *mostra* que a generalização é verdade". Um instante de pensamento revelaria a implausibilidade desse uso da expressão: contraexemplos derrubam e não confirmam generalizações.*

---

* Na verdade, esta expressão não se explica por si mesma (não se chegará ao seu significado analisando os seus próprios termos), mas por referência a outra expressão, um **adágio** popular que diz: "Toda regra tem exceção." A aceitar-se isso como verdade (ver **verdade por adágio**), se eu preconizo uma regra e alguém me refuta apresentando como **contraexemplo** uma exceção que derruba essa regra, posso não estar disposto a (1) admitir que a regra por mim preconizada de fato é fraca e não se sustenta diante da exceção contraposta; (2) acrescentar alguma **condição** *ad hoc* para salvar a regra ou (3) engajar-me em qualquer discussão sobre o assunto. Em qualquer desses casos, sempre posso recorrer ao **adágio** mencionado (e tido como verdadeiro), **e** fazer o seguinte raciocínio: se "toda regra tem exceção", o próprio **contraexemplo** apresentado, por ser uma exceção, confirma que minha regra de fato é uma regra íntegra, completa, não lhe faltando nem a exceção que vem confirmá-la com uma regra de verdade. Este é o significado de "prova" aqui: *demonstrar* que *é* uma regra. Quanto a entender que a "prova", no caso, significa "confirmar", "atestar" a validade da regra, como popularmente se faz, já se está entrando no campo do **pensamento utópico**. (*N. do T.*)

Assim, por exemplo, a existência de uma planta de folhas negras seria uma exceção à generalização "todas as plantas têm folhas verdes ou vermelhas". Isto seria um **contraexemplo** à generalização. No sentido correto de "prova", essa exceção "provaria" a regra de que todas as plantas têm folhas verdes ou folhas vermelhas, mostrando que essa é uma **falsa dicotomia**. Ela poria à prova a regra e mostraria que era deficiente. Entretanto, o uso da frase "a exceção que confirma a regra", por algo como um princípio de **verdade por adágio**, poderia afirmar que o caso da planta de folhas negras confirmava ainda mais a generalização: é "a exceção que confirma a regra". Quando colocada assim, essa conclusão parece absurda. No entanto, algumas pessoas de fato usam esta frase desse modo confuso.

Outra interpretação para "a exceção que confirma a regra" é: "o fato de que a exceção em questão é uma exceção mostra que a regra, no geral, se sustenta." Assim, por exemplo, a fórmula mnemônica de soletração em inglês "i antes de e exceto depois de c" é aparentemente refutada por inúmeros contraexemplos incluindo, entre outros, o fato de que *seize* [em inglês: tomar, pegar] se escreve assim. Alguém poderia então descrever *seize* como "a exceção que confirma a regra". Mais uma vez, porém, um pensamento momentâneo revelaria que uma exceção só pode enfraquecer essa regra, nunca fortalecê-la. Esses contraexemplos sugerem a necessidade de **condições *ad hoc*** para tornar a regra rigorosamente apropriada.

experiência de pensamento
Uma condição imaginária, em geral muito forçada e exagerada, com a intenção de esclarecer uma questão em particular.

Um exemplo é o do filósofo Robert Nozick, que, a fim de trazer à baila o que é que valorizamos em nossa vida, concebeu a seguinte experiência de pensamento. Imagine que seja possível você ser ligado a uma máquina de experiência, um tipo de máquina de realidade virtual que lhe dá a ilusão de estar levando a sua vida de verdade, mas com o efeito adicional de que tudo que você faz ou o que acontece é intensamente prazeroso. Seja o que for que lhe agrade na vida real, pode ser simulado em sua forma mais agradável na máquina de experiência; uma vez ligado a ela, você vai acreditar que todos esses eventos estão realmente acontecendo. Você se ligaria voluntariamente a essa máquina pelo resto da sua vida? Se, como na maioria dos casos, a resposta for não, isso sugere que você valoriza algumas coisas mais do que apenas uma experiência prazerosa ilimitada, embora você possa não ter se dado conta disso antes de ter conduzido essa experiência de pensamento.

A experiência de pensamento da máquina de experiência é obviamente muito exagerada e forçada; a probabilidade de existência dessa máquina ainda em nossas vidas não é muito grande.* Mas isso não importa. O sentido aqui é descobrir nossa atitude fundamental para com o prazer, e a experiência é boa para deixar claras nossas intuições a respeito. Consequentemente, desprezá-la porque é muito forçada é não entender seu sentido. A questão real não é se nós nos ligaríamos voluntariamente a uma máquina de experiência, mas se nós realmente valorizamos o prazer acima de todas as outras coisas da vida. A experiência de pensamento nos dá um meio de testar nossas intuições sobre essa questão (ver também **afirmações condicionais** e **tática de "não trabalho com hipóteses"**).

---

* Pelo menos, essa era a posição quando este livro foi escrito (1995). (*N. do T.*)

explicações alternativas

Explicações ignoradas do fenômeno em questão. Em muitos casos, é tentador acreditar que, porque uma explicação é consistente (ver **consistência**) com os fatos conhecidos, ela deve, portanto, ser a explicação correta. Isso é especialmente tentador quando uma explicação em particular é a que mais gostaríamos de que fosse a verdadeira. Isso, no entanto, é um **pensamento utópico** e ignora a possibilidade de explicações alternativas plausíveis para exatamente as mesmas observações.

A **falácia formal** de **afirmar o consequente**, em geral, envolve ignorar explicações alternativas, como no seguinte exemplo:

> Se você acidentalmente velar o seu filme, então suas fotografias não serão reveladas.
> Suas fotografias não foram reveladas.
> Então você acidentalmente deve ter velado o seu filme.

Aqui, as numerosas explicações alternativas para as fotografias não terem sido reveladas foram completamente ignoradas: você pode ter comprado um filme com defeito, elas podem ter sido incompetentemente reveladas, ou talvez você tenha se esquecido de retirar a tampa da lente.

Quando as pessoas estão discutindo a partir da existência de uma correlação até uma conclusão sobre uma conexão causal (ver **correlação = confusão de causa**), elas são particularmente inclinadas a esquecer a possibilidade de explicações alternativas. Por exemplo, um cientista tentando demonstrar que a habilidade musical é, em grande parte, herdada pode examinar a habilidade musical de um grande número de filhos de

explicações alternativas

músicos talentosos e compará-la à habilidade de crianças de famílias não musicais. Não surpreenderia se um exame desses descobrisse uma correlação significativa entre ser um músico competente e um ou ambos os pais serem eles próprios musicistas. No entanto, se o cientista vier a encarar isso como uma firme prova de habilidade musical *herdada*, essa seria uma conclusão pouco confiável a ser tirada apenas dessa prova, uma vez que filhos de músicos têm muito mais probabilidade de vir a aprender a tocar um instrumento musical desde a tenra idade do que as demais crianças. Em outras palavras, o cientista estaria ignorando uma explicação alternativa do mesmo fenômeno. Provavelmente, a explicação mais plausível é a de que existem fatores tanto hereditários quanto ambientais na habilidade musical; isso também é consistente com os fatos observados no caso imaginário citado.

Pessoas que acreditam na visita regular à Terra de alienígenas vindos de outra galáxia, visitas em que ocasionalmente pessoas são sequestradas a fim de se fazerem experiências médicas com elas, e em voos rasantes de óvnis, diante de despreocupados pilotos de jatos comerciais e assim por diante, geralmente afirmam suas convicções exóticas ignorando as explicações alternativas dos fenômenos que encaram como evidência de seus pontos de vista. Então, embora seja indubitavelmente verdade que padrões estranhos são, às vezes, encontrados em plantações, não se segue daí que *devem* ter sido feitos por extraterrestres. Há um vasto âmbito de explicações alternativas muito mais plausíveis para tal fenômeno, assim como a de que pode ter sido obra de galhofeiros querendo pregar uma peça ou o resultado de condições climáticas muito anômalas. É um passo enorme e injustificado seguir do fato de que esses círculos nas plantações *possam* ter sido causados por extraterrestres à conclusão de que *devem* ter sido eles. Antes de chegar a essa conclusão, você teria de provar que visitas de extraterrestres são a única explicação possível, ou pelo menos a mais plausível, para círculos nas plantações. Só quando tivéssemos eliminado outras explicações possíveis é que deveríamos acreditar no improvável. E mesmo então deveríamos nos precaver contra a força do **pensamento utópico**.

F

falácia
Ver **falácia formal, falácia informal, "isso é uma falácia"** e muitos outros verbetes deste livro.

falácia das boas companhias
Ver **falácia das más companhias, curvar a cabeça, verdade por autoridade** e **autoridade universal.**

falácia das más companhias
Atacar a posição de outrem unicamente porque essa posição já foi sustentada por alguém obviamente mau e parvo. Isso é uma **falácia informal**. A sugestão é que, se alguém obviamente mau ou estúpido sustentou esse ponto de vista, você precisa ser igualmente mau ou parvo para sustentá-lo também. Fica claro rapidamente que essa é uma forma duvidosa de argumento quando você considera exemplos particulares dessa falácia.

Um cientista que, após conduzir muitas experiências controladas, chega à **conclusão** de que ocorre um modo limitado de telepatia não devia descartar essa descoberta só porque muita gente acredita em telepatia puramente na base do

pensamento utópico. O cientista tem evidências para suas convicções; as outras pessoas têm simplesmente o desejo de que isso ocorra. Mas o fato de que elas sejam más companhias intelectuais de modo algum derruba a **conclusão** do cientista.

Um segundo exemplo: se você estivesse defendendo a legalização de algumas formas de eutanásia e alguém tentasse refutar (ver **refutação**) seu argumento salientando que Hitler era a favor da eutanásia e instituiu um programa que resultou na morte de 70 mil pacientes de hospitais, esse alguém seria culpado da falácia das más companhias. Aliás, seria culpado também de **confusão ou equívoco**, uma vez que não é exatamente claro que algumas chamadas políticas de "eutanásia" encetadas por Hitler de todo merecessem esse nome. Ele poderia também estar usando um **argumento da ladeira escorregadia** implícito, sugerindo que, se certos tipos de morte induzida forem legalizados, levará inexoravelmente ao genocídio. No entanto, a falácia das más companhias empregada aqui sugere que, porque Hitler aprovava determinada coisa, ela deve ser moralmente errada ou baseada em uma falsa convicção. Isto não significa dizer que não poderia haver motivos independentes pelos quais a legalização da eutanásia possa ser considerada um erro, mas que somente o fato de que Hitler pôs em prática uma política de eutanásia não é, em si mesmo, um bom motivo para evitar fazer o mesmo. O que é necessário é algum tipo de análise das semelhanças relevantes entre as duas situações.

Habitualmente, os que empregam a falácia das más companhias o fazem como **retórica** para convencê-lo de que a sua posição não pode ser defendida. É particularmente tentador sucumbir a essa retórica porque pessoas más e estúpidas tipicamente têm muitas convicções falsas; e também pode ser extremamente desconcertante descobrir-se concordando com pessoas que você despreza completamente. Entretanto, isso não basta para provar que, porque Hitler acreditava em alguma coisa, ela deveria consequentemente ser falsa: você precisa de mais motivos para apoiar a ideia de que é falsa. Afinal, Hitler acreditava que 2 + 2 = 4 e que Berlim ficava na Alemanha. O que esta forma de argumento ignora é que pessoas más e estúpidas não têm só inúmeras convicções falsas, têm também muitas que são verdadeiras (ver também **tática *ad hominem*** e **levar para o lado pessoal**).

A falácia das más companhias é, às vezes, uma forma de **entimema**, isto é, um argumento que tem uma **suposição** tácita como uma **premissa** importante. Neste exemplo, a suposição tácita é: "Qualquer coisa que Hitler endossou devia ser moralmente errada apenas porque ele a endossou". Ainda que Hitler tenha endossado muitas práticas perversas e tenha sido responsável por alguns dos piores crimes contra a humanidade, não significa que *tudo* que ele endossou ou em que acreditava era falso ou moralmente errado.

A falácia das más companhias pode ser contrastada com o que se poderia chamar de falácia das boas companhias: a falácia de acreditar em qualquer coisa endossada por alguém que você aprova (ver também **curvar a cabeça**, **verdade por autoridade** e **autoridade universal**). Em ambos os casos, evidências e argumentos deveriam ser examinados, tendo em mente que, mesmo que os motivos apresentados sejam motivos fracos, suas conclusões ainda podem acabar sendo verdadeiras (ver **falácia dos maus motivos**).

falácia de Van Gogh
Uma maneira duvidosa de **argumento** que recebeu esse nome a partir do seguinte caso:

falácia de Van Gogh

Van Gogh foi pobre e incompreendido em vida, no entanto, hoje é reconhecido como um grande artista: eu sou pobre e incompreendido, então eu também acabarei sendo reconhecido como um grande artista.

Embora obviamente inválido (ver **validade**), este tipo de raciocínio pode ser particularmente sedutor para artistas esforçados e é uma maneira perturbadoramente difundida de **pensamento utópico**. Em geral, o argumento não é afirmado explicitamente, mas está implícito no modo como as pessoas vivem. A mesma forma de argumento ocorre em outros contextos: "Mick Jagger e eu estudamos na mesma escola primária; Mick Jagger acabou sendo um grande sucesso, então eu também serei."

O que há de errado com a falácia de Van Gogh é que o número das pessoas pobres, incompreendidas e não reconhecidas é muito maior do que o dos grandes artistas ou astros de rock. Partilhar algum atributo relativamente comum com alguém importante não garante a minha importância. Assim, somente se o atributo que ele e eu tivermos em comum for a causa de ele ser importante, ou tiver uma correlação direta (ver **correlação = confusão de causa**) com isso, é que será de todo relevante, e mesmo assim pode ser o tipo de causa que só muito raramente resulta em importância. Só podemos concluir legitimamente das premissas do argumento que ser pobre e incompreendido (ou estudar em determinada escola) não elimina a possibilidade de importância.

É fácil demonstrar a insensatez de fiar-se na falácia de Van Gogh por meio de uma paródia do argumento (ver **espantalho**): "Beethoven tinha um coração e uma espinha dorsal e foi um grande compositor; eu tenho um coração e uma espinha dorsal, então eu provavelmente acabarei por ser um grande compositor." Fica claro, desse modo, que a falácia de Van Gogh baseia-se em uma **analogia** fraca: só porque eu me pareço com uma pessoa importante em alguns aspectos sem importância não quer dizer que eu me pareça com essa pessoa em outros aspectos.

falácia democrática

Método duvidoso de raciocinar que trata a opinião da maioria, conforme revelada por meio de votação, como uma fonte da verdade e um guia confiável para a ação em *qualquer* questão. Isto é uma **falácia informal**. A democracia política é desejável porque permite participação política em alta escala e pode servir como um valioso obstáculo a pretensos tiranos. No entanto, há muitas áreas da vida em que fazer uma votação seria um modo extremamente duvidoso para se descobrir a linha de ação mais apropriada. Os que sucumbem à falácia democrática sentem a necessidade de submeter decisões a votações sempre que possível, supondo ingenuamente que este é o melhor meio de descobrir a verdade sobre qualquer questão ou a melhor estratégia para tomar decisões sensatas. Mas se a maioria dos eleitores é amplamente ignorante do assunto que está em votação, isso provavelmente refletirá em seus padrões de voto.

Vejamos o caso de um piloto de linha aérea diante da decisão de fazer ou não um pouso de emergência por causa de más condições climáticas. Seria imprudente se ele permitisse que os passageiros votassem sobre a questão; qualquer decisão majoritária provavelmente não seria baseada em um completo conhecimento do possível resultado ou em uma completa avaliação dos perigos envolvidos. Seria também um abandono, pelo piloto, de suas responsabilidades, abster-se da tomada de decisão. Muitas vezes, os que querem submeter à votação qualquer decisão importante estão usando o processo democrático como um meio de se esquivar da responsabilidade pelas decisões que têm de tomar: em outras palavras, sua fé no processo democrático envolve uma espécie de **pensamento utópico**, uma vez que lhes é conveniente não se colocar na posição de máxima responsabilidade. A verdade é que a democracia só tem valor em alguns contextos; em outros, ela é completamente inadequada. Aquilo de que geralmente se precisa é de uma maioria *informada*, e não simplesmente uma maioria.

falácia do jogador

O erro de acreditar que em jogos de azar suas possibilidades de ganhar aumentam quanto mais vezes você perde. Os jogadores são particularmente inclinados a acreditar que, se não ganham há muito tempo, suas chances de ganhar na próxima aposta aumentam muito. Em muitos jogos de azar, como a roleta, isso é puro **pensamento utópico**. Em um simples jogo de cara ou coroa, cara tem exatamente as mesmas possibilidades de sair que coroa, supondo-se que a moeda não esteja viciada. Então, se eu joguei a moeda 100 vezes, esperaria que saísse cara aproximadamente 50 vezes. De modo semelhante, na roleta, um número vermelho tem as mesmas probabilidades de sair que um número preto (embora não haja exatamente uma chance de 50% para cada um, porque, na maioria das roletas, existe um zero verde). Assim, um jogador acrítico chega à conclusão de que, se houve uma longa sequência de caras no lançamento da moeda, ou uma longa série de números vermelhos na roleta, então, por alguma suposta "lei de médias", é muito provável que, em seguida, saia coroa ou um número preto.

Entretanto, como nem moedas nem roletas têm memória, não é possível elas recordarem os resultados das jogadas anteriores e ajustar o resultado do atual jogo de azar. Consequentemente, toda vez que uma moeda não viciada é jogada para o alto, existem os mesmos 50% de chance de sair cara, e esta possibilidade jamais muda, não importa quantas vezes seguidas saia coroa; toda vez que uma roleta não viciada gira, existe precisamente a mesma chance de que a bola venha a parar no preto.

Jogadores que dizem a si mesmos "Não ganhei hoje nem ontem, por isso minhas chances de ganhar amanhã aumentaram muito" estão lamentavelmente enganados. Eles caíram em uma versão dessa **falácia informal** extremamente difundida.

Existem, é claro, alguns jogos em que as chances de ganhar ou perder variam: por exemplo, a chamada roleta-russa. Alguém pega um revólver e põe apenas uma bala no tambor, deixando cinco câmaras vazias. Se ele ou ela leva o revólver à cabeça e atira, existe uma chance em seis de ser baleado. Sabendo-se que a arma passa automaticamente para a próxima câmara do tambor, a próxima pessoa terá uma chance em cinco de ser baleada; a próxima, uma em quatro e assim por diante, até que alguém de fato é baleado. Se, no entanto, o tambor for girado depois que cada pessoa puxou o gatilho, então, como na roleta convencional, as possibilidades não mudam de uma jogada para a outra: haverá sempre uma chance em seis de ser baleado, até que alguém de fato o seja. A falácia do jogador consiste em confundir casos do último tipo de jogo com casos do primeiro, embora geralmente os resultados de erros de cálculo sejam menos sérios do que quando se joga roleta-russa.

falácia dos maus motivos

O erro de supor que se os motivos dados para uma **conclusão** são falsos, consequentemente a própria conclusão deve ser falsa. Esta é uma **falácia formal**. Só porque os motivos de alguém para acreditar em algo são maus motivos não significa que aquilo em que ele acredita não seja verdade. É possível derivar conclusões verdadeiras de **premissas** falsas; é também possível derivá-las de premissas verdadeiras, mas usando raciocínio falacioso. Mesmo assim, pode ser tentador acreditar que maus argumentos ou falsas premissas *nunca* produzem uma verdade. Às vezes produzem, mas não o fazem *confiavelmente*.

Por exemplo, considere o seguinte **argumento**:

Todos os peixes põem ovos.
O ornitorrinco é um peixe.
Portanto, o ornitorrinco põe ovos.

Este é um argumento válido (ver **validade**) com duas premissas falsas e uma conclusão verdadeira. A primeira premissa é falsa porque alguns filhotes de peixes já nascem prontos e vivos; a segunda premissa é falsa porque o ornitorrinco certamente não é um peixe; a conclusão, no entanto, é verdadeira porque os ornitorrincos *de fato* põem ovos. Então, em alguns casos, pode resultar do argumento uma conclusão verdadeira, apesar de as premissas serem falsas, o que significa que não se pode provar que uma conclusão é falsa simplesmente demonstrando que foi derivada de premissas falsas. O que se pode fazer com esse método é mostrar que quem tem uma convicção com base em premissas falsas ou se apoia em uma forma inválida de argumento não justificou adequadamente sua convicção. Neste aspecto, a situação é semelhante àquela em que alguém tem uma convicção verdadeira com base meramente em **evidência anedótica**, evidência que, não obstante, poderia vir a ser corroborada por investigação científica.

falácia etimológica

A passagem duvidosa e frequentemente enganosa do sentido original de uma palavra para seu sentido atual.

Uma forma de **falácia genética**, a falácia etimológica é uma **falácia informal**. A etimologia é o estudo da origem das palavras. Este tipo de tática, às vezes, é informativo, mas não de todo confiável: porque uma palavra ou expressão originalmente tinha um determinado significado, a **suposição é de que ela sempre conservará esse significado, mesmo quando ele forma apenas parte de uma palavra e é usado em um contexto diferente, talvez milhares de anos depois, frequentemente na ignorância do significado original. Só às vezes a análise etimológica tem valor para se entender o significado contemporâneo: não é porque uma palavra originalmente tinha um significado que ela continuará a tê-lo ou sequer um que lhe seja diretamente relacionado. Quem passou muitos anos aperfeiçoando seu conhecimento de línguas antigas acha a falácia etimológica extremamente tentadora e com frequência sucumbe a ela. Não obstante, a etimologia só deve ser usada quando for genuinamente esclarecedora. O problema é que os significados das palavras não são fixados inteiramente por suas origens, embora as palavras, muitas vezes, preservem vestígios de seus significados originais. O indicador mais seguro do significado de uma palavra é seu uso corrente, mais do que sua derivação (ver também **definições de dicionário** e **definições estipulativas**).

falácia etimológica

Por exemplo, a palavra "póstumo" se compõe de duas palavras latinas, *post*, que significa "após", e *humous* (húmus), que significa "terra", com a implicação de enterro (colocação na terra). "Póstumo" é usado atualmente para se referir a um filho nascido após a morte do pai, ou, mais comumente, a um livro ou obra dados a público após a morte de seu autor. Então, o significado essencial é "depois da morte". No entanto, alguém que comete a falácia etimológica insistiria que "póstumo" não poderia ser usado com exatidão para se referir à cria ou livro de alguém cujo corpo se perdeu no mar, ou foi cremado, porque não teria sido posto na terra. Isso seria **pedantismo**. Seria também trair uma ignorância da natureza da linguagem.

A palavra *drab** originalmente significava "prostituta". No entanto, se alguém hoje descreve as roupas de uma mulher como *drab*, refere-se meramente ao seu senso de vestuário, e não à sua profissão.** A palavra "horror" vem de uma palavra latina que sugere o eriçamento dos pelos e dos cabelos devido ao medo: este fato etimológico é interessante e coincide, em grande medida, com o uso atual, na medida em que, por exemplo, um filme de horror é o tipo de filme destinado a eriçar os pelos da nuca. Mas o fato etimológico não fixa o significado para todo o sempre.

A falácia etimológica, às vezes, é cometida em discursos políticos como uma forma de **retórica**. Redatores de discursos, muitas vezes, começam buscando a origem de uma palavra-chave em um discurso. Desenvolvem-se, então, as questões

---

* Como substantivo, indica uma prostituta ou uma mulher desmazelada; como adjetivo, quer dizer, chato, monótono e sem graça. (*N. do T.*)
** Um vestido *drab* é desleixado e sem trato. (*N. do T.*)

a partir disso, para deixar claros os pontos que têm a obrigação de destacar, propondo-se a expor significados interessantes latentes na palavra em questão. Então, por exemplo, alguém que advoga mais amplo debate interpartidário de questões políticas no Parlamento britânico poderia chamar a atenção para o fato de que a palavra "Parlamento" vem originalmente da palavra francesa *parlement* (originária de *parler*, "falar"), que significa "conversar", e usar isso para afirmar que *portanto* (um caso de **"portanto" espúrio e "então" espúrio**) deveria haver mais discussão das questões no Parlamento (ver **falácia dos maus motivos**). No entanto, o significado atual de "Parlamento" não pode ser reduzido a isso; retenha a palavra ou não um vestígio de seu sentido original, seu significado essencial, hoje, é o de corpo legislativo supremo do Reino Unido.

falácia formal

Qualquer forma inválida de **argumento**, isto é, uma na qual as **premissas** podem ser verdadeiras sem que a **conclusão** seja necessariamente verdadeira (ver também *non sequitur*). Diferentemente de argumentos válidos (ver **validade**), falácias formais não são preservadoras da verdade: sua estrutura não garante uma conclusão verdadeira a partir de premissas verdadeiras. Ainda que a conclusão seja verdadeira, não terá sido alcançada por um método digno de crédito.

Um exemplo de falácia formal é proporcionado pelo lance familiar da caça às bruxas. Alguém poderia argumentar assim:

> Todas as bruxas criam gatos pretos.
> Minha vizinha cria um gato preto.
> Então, minha vizinha deve ser uma bruxa.

Isto é raciocínio falacioso, uma vez que a estrutura do argumento é inválida. O fato de a vizinha criar um gato preto não significa que ela seja uma bruxa, mesmo se a primeira premissa for verdadeira. Essa primeira premissa não nos diz que todas as criadoras de gatos pretos são bruxas; somente que todas as bruxas criam gatos pretos, o que não é, de modo algum, a mesma coisa. Para a conclusão seguir-se das premissas, a primeira premissa teria de afirmar que *todas* as bruxas *e somente elas* criam gatos pretos, senão deixa em aberto a possibilidade de que algumas pessoas que criam gatos pretos não sejam bruxas, e a possibilidade de que a vizinha não seja necessariamente uma bruxa. Mesmo quando esmiuçado dessa maneira, é relativamente fácil apontar exatamente o que está errado nesse modo de argumentar; à primeira vista, o raciocínio nesta falácia ainda pode ser sedutor. O termo "falácia" é usado em um sentido mais livre para significar qualquer raciocínio defeituoso (ver **falácia informal** e "**isso é uma falácia**").

falácia genética
Uma **falácia informal** com a forma "x é originário de y, portanto x, agora, deve ter alguns traços em comum com y", embora habitualmente esse raciocínio seja mais implícito do que declarado. Este não é um modo firme de argumentar, uma vez que, em muitos casos, o único laço entre uma coisa e sua descendente seja a conexão genética; só porque algo surgiu de outro não significa que a coisa que surgiu tenha algum traço importante em comum com a sua origem.

É fácil ver o que há de errado com este estilo de raciocínio, considerando exemplos extremos: galinhas vêm de ovos, mas isso não significa que galinhas adultas vão se quebrar se caírem no chão, nem que elas sejam um ingrediente essencial para fazer suspiros; livros são impressos em partes do que foram árvores, o que não quer dizer que eles se beneficiarão sendo regados e recebendo uma adubagem anual.

O filósofo Friedrich Nietzsche, às vezes, é acusado de cometer essa falácia em seu livro *A genealogia da moral*. Neste livro, ele se propunha demonstrar as origens de conceitos morais capitais no ressentimento e na autorrejeição. Sua ideia era a de que, mostrando a origem histórica dessas emoções altruístas, ele as derrubaria da posição exaltada conferida a elas na moralidade cristã. No entanto, mesmo que ele estivesse correto sobre as origens desses conceitos, não significaria que eles fossem menos importantes hoje por causa de sua fonte original.

O bispo Samuel Wilberforce usou a falácia genética para efeito retórico (ver **retórica**) quando argumentou contra a teoria evolucionista de Charles Darwin. Em um debate público com Thomas Huxley, um defensor das ideias de Darwin, ele perguntou de que lado Huxley fazia remontar a ascendência dos macacos, do de sua avó ou de seu avô. A implicação era que, se Huxley descendia de macacos, então um ou ambos os seus avós deveriam ter traços simiescos destacados. Isso muito possivelmente pretendeu ser uma **refutação** por meio da **tática das consequências absurdas**. Entretanto, era enganoso de pelo menos dois modos. Primeiro, era uma caricatura dos pontos de vista de Darwin (ver **espantalho**), uma vez que o naturalista alegava que os seres humanos tinham como ancestrais imediatos criaturas semelhantes a primatas, e não a macacos; ele também dizia que o processo de evolução fora gradual, ocorrendo ao longo de milhares de anos, em vez de diversas gerações. Mas o outro erro, mais elementar, era a **suposição** de Wilberforce de que o que descendesse de macacos deveria ser simiesco. Se é ou não, depende inteiramente da natureza da ascendência.

Uma forma comum da falácia genética surge quando as pessoas examinam as origens de uma palavra a fim de determinar seu sentido atual (ver **falácia etimológica**). Neste e em todos os casos da falácia genética, pode ser verdade que existe algum laço importante entre o original e seu descendente, mas a mera relação genética não o garante.

falácia informal
Qualquer tipo de argumento defeituoso ou duvidoso à exceção de uma **falácia formal**. Falácias informais podem ser formas perfeitamente válidas de argumento em termos de sua estrutura lógica. Há muitos verbetes sobre falácias informais neste livro. Por exemplo, a **falácia etimológica** não é uma forma inválida de argumento, é mais exatamente um modo de argumentar com base na falsa premissa de que o sentido de uma palavra é sempre fixado por seu significado original ou pelo significado original de suas partes constituintes. Sempre que rotulei um tipo de argumento como falácia, indiquei se era uma falácia formal ou informal. Eu poderia ter evitado **ambiguidade léxica** cunhando um termo alternativo para "falácia informal"; no entanto, como muitos dos modos de argumentar descritos neste livro têm nomes firmemente estabelecidos, isso exigiria uma substancial atribuição de novos nomes, o que poderia ser mais perturbador do que optar pelo termo "falácia".

Existe um uso coloquial para "falácia" que é melhor ser evitado: como sinônimo para "algo falso". Assim, na sentença "É uma falácia que possamos conseguir um bom emprego", a palavra está sendo usada nesse sentido: quem fala está simplesmente afirmando não ser verdade que todo mundo poderá ter emprego. Nenhuma estrutura, técnica particular ou padrão de raciocínio está sendo destacado como a pretensa falácia; em vez disso, quem fala está usando o termo para expressar forte discordância com o ponto de vista oposto. Este sentido de "falácia", às vezes, é usado como uma forma de **retórica**: jogando com as conotações das palavras, um polemista pode deliberadamente tentar convencer leitores ou ouvintes de que o ponto de vista oposto envolve mau raciocínio, enquanto tudo que está sendo realmente expressado é discordância (ver também **confusão ou equívoco** e **"isso é uma falácia"**).

falácia socrática

A convicção equivocada de que, se você não pode definir um termo geral com precisão, não estará em posição de identificar alguma de suas instâncias particulares. Esta **falácia formal** recebe o nome de Sócrates, o grande filósofo ateniense, que foi acusado — por certo falsamente — de endosso implícito desta **suposição** equivocada. O método de Sócrates, pelo menos conforme retratado nos diálogos de seu discípulo Platão, era demonstrar os limites do entendimento, por seus contemporâneos, de conceitos essenciais como "virtude" ou "justiça", fazendo-os tentar definir estes termos e apresentar uma série de **contraexemplos** e dificuldades para suas definições.

Embora esta falácia, como muitas, tenha uma plausibilidade superficial, em um exame mais atento fica claro que a falta de uma definição precisa não nos impede necessariamente de usar um conceito com eficácia na maioria das instâncias. Por exemplo, os que se deixam levar por essa falácia poderiam dizer que, a não ser que você possa dar uma definição completamente inequívoca de "lateral" em futebol, não será capaz de identificar instâncias particulares da saída de bola pela lateral. E, no entanto, seria óbvio que poucos jogadores e fãs de futebol achariam fácil dar uma definição precisa de "lateral", e são, contudo, muito hábeis em reconhecer quando acontece ou não uma lateral. Ou, para incluir mais um exemplo, a maioria de nós sente-se confiante ao declarar que certas pessoas são bonitas, apesar de não saber dar uma definição precisa de "beleza".

É claro que ser capaz de dar definições precisas de alguns conceitos pode, às vezes, ser muito útil para decidir se casos extremos se enquadram ou não no conceito. Entretanto, costumamos ser capazes de reconhecer o que alguma coisa é sem poder dar uma definição muito precisa do conceito no qual ela se encaixa. Isso pode acontecer porque o tipo de conceito desafia qualquer definição em termos de **condições necessárias e suficientes**: pode ser o que o filósofo Ludwig Wittgenstein chamou de **"conceito de semelhança familiar"**. Wittgenstein achava que "jogo" era um conceito de semelhança familiar: não há uma essência definidora comum a todos os jogos, meramente um padrão de semelhanças cruzadas e sobrepostas entre as coisas que merecem o rótulo de "jogo". Se ele tinha razão quanto a isto, qualquer tentativa de definir "jogo" usando o método convencional de afirmar **condições necessárias e suficientes** seria em vão.

falar difícil para impressionar
Ver **jargão, pseudoprofundidade** e **cortina de fumaça**.

falsa acusação de falácia
Ver **"isso é uma falácia"**.

falsa dicotomia

Uma exposição enganosa das alternativas disponíveis (ver também **explicações alternativas**). Uma dicotomia é uma divisão em duas alternativas; por exemplo, todos os peixes são escamados ou não escamados. Uma falsa dicotomia ocorre quando alguém monta uma dicotomia de tal modo que parece haver apenas duas conclusões possíveis quando, de fato, há mais alternativas não mencionadas.

Por exemplo, na maioria dos contextos, a frase "quem não é por nós é contra nós" é uma falsa dicotomia, uma vez que ignora uma terceira possibilidade: a de ser totalmente indiferente ao grupo em questão, e também uma quarta possibilidade: a de que você ainda não se decidiu. De modo semelhante, quando alguém diz que se deve crer na existência de Deus, ou então na Sua inexistência, está montando uma falsa dicotomia, uma vez que existe a terceira posição, a do agnóstico, que sustenta não haver evidência suficiente para adotar uma posição quanto a uma questão tão importante. E mesmo isso pode ser uma falsa tricotomia, uma vez que alguns filósofos afirmam que existe ainda mais uma posição que se pode tomar e para a qual ainda não há um nome, a de que acreditar que a noção de que Deus existe é ela própria completamente sem sentido e, portanto, não pode ser nem verdadeira nem falsa, e tampouco ainda não provada.

Alguém que afirma que as pessoas deviam cuidar de seus próprios interesses poderia dizer que, se você não puser sempre os seus próprios interesses em primeiro lugar, a única alternativa é ser mártir, constantemente sacrificando seus próprios desejos pelo bem de outras pessoas. Isto seria uma falsa dicotomia, porque existem, de fato, muito mais opções do que os dois extremos dados aqui. Por exemplo, você poderia decidir

falsa dicotomia

ajudar outras pessoas quando estiverem em grande necessidade, mas em todos os outros casos pôr seus próprios interesses em primeiro lugar, evitando assim a completa negação de seus próprios desejos, enquanto ainda mostra alguma preocupação pelos interesses alheios.

Falsas dicotomias podem ser montadas acidental ou deliberadamente (talvez isso também seja uma falsa dicotomia). Quando acidentalmente, elas resultam de uma avaliação errada das posições disponíveis; quando deliberadas, são uma forma de **sofisma**.

G

generalização
Ver **provincianismo** e **generalização precipitada**.

generalização precipitada
Uma declaração geral baseada em evidência insuficiente (ver **evidência anedótica** e **provincianismo**).

Um exemplo de generalização precipitada é, com base em uma conversa com um motorista de táxi, concluir que todos os taxistas são antirracistas. Mesmo se minha amostragem consistisse em todos os taxistas que trabalham para determinada empresa de táxis, concluir que *todos* os taxistas são antirracistas seria claramente ir muitíssimo além da evidência. Eu precisaria saber se a minha amostragem era representativa e ter motivos para supor que há algo em ser taxista que predisponha as pessoas contra o racismo ou, pelo menos, que há uma correlação direta entre essas duas posturas. E mais, eu provavelmente teria de ignorar uma série de **contraexemplos** que certamente derrubariam a conclusão; se eu encontrasse apenas um taxista racista em toda a minha vida, esse caso único seria suficiente para derrubar uma generalização desse tipo.

generalização precipitada

Seria precipitado generalizar, a partir do fato de que apenas um atleta britânico nos Jogos Olímpicos foi considerado culpado por consumir drogas proibidas para melhorar seu desempenho, que todos ou a maioria dos atletas da equipe olímpica britânica são igualmente culpados. A não ser que houvesse uma explicação plausível para que essa generalização pudesse se sustentar, como a de que um treinador de atletismo estivesse pressionando todos os atletas a tomar essas drogas, manter esta conclusão seria claramente ir muito além da evidência.

hipocrisia
Defender uma coisa, mas fazer outra. Hipocrisia é a acusação feita àqueles que não praticam o que preconizam. O pároco que sobe ao púlpito todo domingo proclamando as virtudes da fidelidade sexual, mas que é, ele próprio, um sedutor compulsivo de paroquianas casadas, por exemplo, é culpado de hipocrisia, como também o ativista antitabagista que sub-repticiamente fuma um maço de cigarros por dia, e o filósofo que marreta os outros por seus pretensos erros de raciocínio, mas que é incapaz de raciocinar coerentemente sobre qualquer questão.

O que há de errado com a hipocrisia é, em parte, que ela revela as convicções inconsistentes do hipócrita (ver **consistência**). Os pontos de vista expressos dos hipócritas entram em conflito com as convicções implícitas demonstradas por seu comportamento. Alguém que *realmente* acredita no que preconiza não se comportaria de modo tão oposto a isso. Mas os hipócritas são particularmente desagradáveis, porque, diferentemente de pessoas que, sem se dar conta, têm convicções inconsistentes, eles dizem aos outros como deveriam se comportar, ao mesmo tempo isentando-se dos princípios gerais que apregoam.

Não obstante, a hipocrisia de modo algum prova que a pregação do hipócrita é falsa (ver **falácia das más companhias**). A acusação de hipocrisia é uma forma de argumento *ad hominem* (ver também **levar para o lado pessoal**) e pode ser uma **irrelevância** quando estamos interessados na verdade ou na importância de um princípio, e não no caráter do hipócrita. Isto, no entanto, não torna mais agradável lidar com hipócritas.

hipótese

Uma afirmação a ser confirmada ou refutada por evidência ou por **contraexemplo ou contra-argumento**. Uma hipótese difere de uma **suposição** no sentido de que é apresentada com vistas a ser verificada ou desmentida.

Um psicólogo, por exemplo, poderia começar a pesquisar os efeitos do ambiente na escolha de carreira apresentando a hipótese de que escolhas de carreira são quase inteiramente determinadas por fatores ambientais, em vez de hereditários. No entanto, tal hipótese poderia ser derrubada pela investigação de gêmeos idênticos (que têm herança genética idêntica) separados no nascimento. Se uma proporção significativa deles escolhe entrar para a mesma profissão que seu gêmeo, apesar dos fatores ambientais diferentes, isso poderia derrubar a hipótese ou sugerir que ela precisa de algum tipo de refinamento, talvez o acréscimo de **condições** *ad hoc*.

Um inspetor de polícia, tentando resolver um crime de morte, poderia trabalhar com base na hipótese de que a vítima conhecia a identidade de seu atacante. O inspetor, então, interrogaria os vários amigos e parentes da vítima para ver se sua hipótese seria correta.

hipotético

Ver **tática de "não trabalho com hipóteses"**.

ignorância
Ver **prova por ignorância**.

ignoratio elenchi
Expressão latina para "não entender o sentido". Ver **irrelevância**.

implicar/inferir
Duas palavras com sentidos precisos mas diferentes que às vezes são usadas como se fossem intercambiáveis.

Premissas *implicam* uma conclusão se a conclusão seguir logicamente delas. Premissas, no entanto, nunca *inferem* alguma coisa: somente uma pessoa pode inferir algo. Então, por exemplo, eu poderia inferir que você é mortal dos fatos de que você é mulher e de que todas as mulheres são mortais. As premissas "todas as mulheres são mortais" e "você é mulher" *implicam* a conclusão. Eu *infiro* a conclusão.

A tendência a usar esses termos como se tivessem precisamente o mesmo significado é semelhante à prática de usar "refutar" e "repudiar" alternadamente (ver **refutação**).

implícito
Ver **suposição** e **entimema**.

inconsistência
Ver **companheiros na culpa, tática dos, consistência** e **hipocrisia**.

indução
Um método de raciocínio em que premissas verdadeiras proporcionam bons motivos para se acreditar na conclusão, mas não a certeza de que ela é verdadeira. A indução implica passar de várias observações **empíricas** a uma generalização. A verdade das premissas dá à conclusão um grau de probabilidade que fica aquém da certeza. Indução costuma ser contrastada com **dedução**. Um argumento dedutivo com premissas verdadeiras (um **argumento sólido**) dá apoio conclusivo a sua conclusão: se as premissas são verdadeiras, a conclusão tem de ser verdadeira. Com os argumentos indutivos não é assim: se as premissas são verdadeiras e o argumento é bom, isto, na melhor hipótese, torna provável que a conclusão seja verdadeira. Um bom argumento indutivo é aquele que dá um alto grau de probabilidade de que sua conclusão é verdadeira. Com argumentos indutivos, essa probabilidade fica sempre aquém da certeza. Argumentos indutivos nunca podem ser válidos (ver **validade**), pelo menos não no sentido em que os argumentos dedutivos são válidos. A quantidade e o tipo de evidência exigida em apoio a uma generalização indutiva variam de um contexto para outro.

Imagine-se observando um grande número de rosas. Todas elas têm uma fragrância intensa. Você poderia, então, concluir, com base na sua experiência, que todas as rosas têm fragrância intensa. Isso seria um exemplo de raciocínio indutivo.

Ele se baseia em um argumento por analogia: você está dizendo que, porque todas as rosas observadas são semelhantes em um aspecto, todas as rosas que um dia possam ser observadas possivelmente serão semelhantes também nesse aspecto. Sua generalização indutiva, no entanto, pode acabar sendo falsa. A precisão de sua observação das rosas com que se deparou não garante a verdade de sua conclusão sobre todas as rosas. Ela somente a apoia, dando-lhe bom motivo para acreditar nela, até ser derrubada por um **contraexemplo**. Aliás, existem rosas que não têm nenhuma fragrância detectável pelo nariz humano normal. Então a generalização, apesar da evidência em seu apoio, acaba se mostrando falsa.

Isso não é denegrir a indução como forma de raciocínio. Temos de contar com a indução todos os dias: todas as nossas expectativas sobre os modos como o futuro se parecerá com o passado se baseiam nela. Esperamos água para saciar nossa sede pela evidência de que isso aconteceu até agora. Esperamos com confiança que o Sol se levante amanhã porque ele se levantou todos os dias de nossas vidas. E, no entanto, argumentos indutivos nunca podem tornar nossas conclusões mais do que altamente prováveis.

inferência
Ver **implicar/inferir.**

insultos
Ver **tática *ad hominem*** e **levar para o lado pessoal.**

interesse pessoal
Ter um ganho pessoal no resultado de uma discussão: tirar algum proveito caso se chegue a uma **conclusão** particular.

interesse pessoal

Pessoas que têm interesses pessoais em resultados particulares frequentemente distorcem evidências ou são econômicas com a verdade (ver **economia com a verdade**) a fim de atingir o fim desejado.

Tomemos como exemplo uma funcionária de aconselhamento hipotecário de um banco que pode ter um interesse pessoal em convencer o comprador de uma residência a fazer certo tipo de hipoteca, porque ela ganhará uma comissão substancial com essa transação. Neste caso, o perigo é o comprador ingênuo acreditar que está recebendo um conselho imparcial. Isso pode levá-la a enfatizar o mérito deste sobre outros tipos de empréstimo. A aconselhadora hipotecária não precisa recorrer a **mentiras**; ela só precisa ser econômica com a verdade para tapear o cliente crédulo.

Considere mais um caso. Um bibliotecário interessado em horticultura pode ter um interesse pessoal em aumentar a seção de horticultura da biblioteca pública, o que pode cegá-lo para o fato de que poucos dos leitores, aos quais o seu papel é servir, partilhem o seu fascínio pelo tópico. Conhecer esse fato sobre o bibliotecário pode influenciar a sua atitude para com a próspera seção sobre horticultura da biblioteca.

Entretanto, como simplesmente revelar que alguém tem um interesse pessoal em um resultado particular é uma **tática *ad hominem*** do tipo **levar para o lado pessoal**, não demonstra, de modo algum, que esse alguém será menos imparcial. Seus argumentos precisam ser examinados e a evidência que ele apresentar, avaliada. Não obstante, a descoberta de interesses pessoais deveria alertá-lo para a possibilidade de tendenciosidade no modo como os raciocínios e as evidências são atravessados e os fortes motivos para tal tendência.

invalidez
Ver **validade** e **falácia formal**.

irrelevância
Desviar a discussão do ponto em questão, trazendo à baila assuntos que não se relacionem diretamente com ela. Quando usada como manobra, pode assumir a forma da **resposta do político** (uma técnica para evitar dar respostas diretas a perguntas diretas), ou pode dever à introdução de **pistas falsas** ou talvez a **levar para o lado pessoal** ou ainda à introdução de **evidência anedótica** em um contexto inadequado. Com mais frequência, deve-se simplesmente à falta de foco no raciocínio: o resultado de não entender o que está em questão.

Por exemplo, em uma discussão sobre se a música deveria ser ou não uma disciplina compulsória ensinada nas escolas, um debatedor poderia mencionar que seu avô era pianista profissional. A não ser que se incluísse outro argumento, o fato, por mais interessante que fosse, é completamente irrelevante para o debate. Talvez, neste caso, a intenção de citar o fato fosse mostrar que o pianista em questão tivera o benefício do estudo compulsório de música na escola e, assim, adquirira técnica suficiente para se tornar músico profissional. Entretanto, mesmo que isso fosse dito com toda a clareza, continuaria irrelevante, a não ser que a justificativa para tornar a música compulsória nas escolas fosse a expectativa de um único modo de produzir músicos hábeis, o que claramente não é verdade. Este exemplo envolve a introdução de uma **premissa** irrelevante; em outros casos, a **conclusão** defendida pode ela própria ser irrelevante.

Tomemos o exemplo de um debate sobre as precauções contra incêndio em estádios esportivos. Seria irrelevante "isso é um juízo de valor"

introduzir um argumento que tivesse como conclusão que os ingressos para a maioria dos eventos esportivos são, muitas vezes, mais caros do que os de dez anos atrás, mesmo levando-se em conta a inflação. Esta conclusão, muito obviamente, se perde na questão. No entanto, em conversação ou debate, pode levar algum tempo até você se dar conta de que a conclusão pela qual alguém está argumentando, na verdade, não tem qualquer relevância para o assunto em discussão.

"isso é um juízo de valor"
Uma afirmação considerada equivocada por quem a faz como um **argumento nocauteante** contra o que alguém acaba de dizer. A **suposição** feita tão obviamente por quem usa esta frase para silenciar um debatedor é a de que, por algum motivo nem sempre especificado, juízos de valor não são permitidos em uma argumentação racional. Então, por exemplo, em um debate sobre que obra de um autor deveria ser incluída no currículo da escola, um professor poderia dizer: "O motivo pelo qual estamos incluindo *Rei Lear* no currículo é porque se trata de uma grande peça." A réplica "Isso é um juízo de valor" talvez pudesse ser ouvida. Mas a pessoa, ao usar as palavras "grande peça", sem dúvida entende que está fazendo um juízo de valor: esse é o sentido de sua declaração. Se o ponto de vista implícito do replicante é o de que se trata de um juízo de valor equivocado, então o ônus cabe a ele ou a ela de apresentar alguma evidência que apoie essa afirmação. Simplesmente declarar que se fez um juízo de modo algum refuta esse julgamento particular, nem, na maioria dos casos, o invalida para o debate. De modo similar, a pessoa que declara *Rei Lear* como "uma grande peça" precisa apresentar alguma evidência em apoio a esse ponto de vista.

A ideia de que não deveríamos fazer juízos de valor não é uma posição fácil de defender em qualquer contexto, já que quase todos os aspectos de nossa vida sobre os quais é possível que venhamos a discutir estão impregnados de valores: fazemos juízos de valor implícitos em quase tudo que dizemos. Raramente existe qualquer justificativa para considerar que juízos de valor não devem ser permitidos. A própria afirmação "isso é um juízo de valor" pode ser concebida como um juízo de valor: é um julgamento de que o que acaba de ser dito é inútil, porque faz um juízo de valor. O próprio ato de considerar algo inútil envolve um juízo de valor, por isso, essa posição é autorrefutadora.

"isso é uma falácia"
Manobra de acusar falsamente alguém de cometer uma falácia (ver **falácia formal** e **falácia informal**). É uma forma de **retórica** que pode ser particularmente perniciosa. Se você está defendendo um caso e alguém declara com segurança que o que você acaba de dizer envolve várias falácias, então você pode se sentir tentado a recuar, dando a seu atacante o **benefício da dúvida**. Mas deveria caber aos que acusam outros de raciocínio falacioso o ônus de explicar com detalhes precisamente por que eles acreditam que essa é uma acusação procedente, se não a acusação, no melhor dos casos, é vaga (ver **vaguidão**). O caso se torna ainda mais complicado devido à **ambiguidade** da palavra "falácia"; ela pode significar raciocínio inválido, um padrão de argumentação duvidoso ou, em alguns contextos, pode ser apenas uma forma resumida de dizer "discordo da sua última afirmação". Este último, como o uso cada vez mais comum de "**esquivar-se da questão**" para significar "levanta a questão", deveria ser evitado, uma vez que ele obscu-

rece a importante distinção entre considerar uma afirmação falsa e uma falaciosa.

A melhor defesa contra uma **alegação** de que você usou uma falácia é exigir uma explicação dessa acusação de quem a tenha feito.

"isso nunca me fez mal algum"
Uma maneira comum e particularmente irritante de **generalização precipitada**, em que alguém defende alguma prática desagradável porque ele mesmo sobreviveu à prática. O argumento implícito segue assim:

> Você diz que a prática tal deveria ser proibida porque é prejudicial.
> Eu tive de passar por essa prática, mas não fui perceptivelmente prejudicado.
> Portanto, seus motivos são insuficientes para condenar essa prática.

Se um pai se opõe a que seu filho apanhe de vara de marmelo na escola, por exemplo, o diretor poderia replicar que suas preocupações são sem fundamento, uma vez que ele próprio apanhou na escola e não saiu machucado por isso. Entretanto, tal forma de argumento, além de se basear em **evidência anedótica** e de generalizar a partir de um caso isolado, engana-se quanto à objeção feita a essa prática. É inteiramente consistente com o fato de surras em geral causarem sérios danos psicológicos no desenvolvimento de uma criança o fato de que algumas instâncias dessa prática deixam algumas crianças incólumes: a **alegação** não é que toda e qualquer instância de surra necessariamente cause danos sérios. Mais exatamente, a objeção habitual a surras de vara nas escolas é que, em grande número de casos, isso pode causar dano psicológico e, às vezes, até sérios danos físicos. O fato de o diretor também ter apanhado de vara e aparentemente ter permanecido incólume de modo algum justifica a prática. Em casos extremos, tal estilo de argumentação pode ser uma muleta para um **pensamento utópico** moralmente perturbador.

Esse tipo de argumentação pode também envolver pensamento utópico de outro tipo: muitas vezes, a alegação "isso nunca me fez mal algum" é simplesmente falsa. Pessoas que dizem isso frequentemente costumam ser encaradas como as que insistem tanto na questão que levantam suspeita. A insistência em repetir que não sofreram dano é psicologicamente reveladora no sentido de sugerir o oposto: elas *foram* machucadas, ou não estariam insistindo tão desesperadamente que não foram. Em alguns casos, pode ser que o indivíduo em questão ache que, uma vez que ele teve de levar uma dura, então outras pessoas teriam de aguentar dureza também. Então, por exemplo, alguém que aguentou dois anos de serviço militar compulsório poderia usar a tática do "isso nunca me fez mal algum" para tentar convencer outros do valor do serviço militar em geral, quando, na verdade, o que ele realmente quer dizer é: "Eu tive de suportar isso, então não vejo por que você não teria de aguentar também."

J

jargão
Terminologia de especialista, associada a uma profissão ou área de interesse particular. O termo "jargão" é quase sempre usado em sentido pejorativo para sugerir que a linguagem é desnecessariamente obscura; "termo técnico" é o rótulo para palavras de especialistas que são necessárias para uma comunicação efetiva sobre áreas particulares de especialização, mas que não descem ao nível do jargão. As mesmas palavras podem ser jargão em um contexto e termos técnicos em outro.

A maioria dos manuais de computador está cheia de jargões, como *bytes*, disco *RAM* e *hardware flow control template*. Essas palavras são consideradas jargão, porque, no contexto de um manual de instruções voltado para o leitor em geral, são obscuras; em um manual voltado para especialistas em computador, seriam simplesmente linguagem técnica e inteiramente adequada. Autores de manuais de computador, ao que parece, não reconhecem ainda a dificuldade que a maioria dos leitores tem com o jargão de computação.

Os filósofos têm sua própria carteira de expressões em jargão, incluindo muitas locuções latinas, como *mutatis mutandis* (que significa "fazendo as mudanças adequadas")* e *prima facie* ("à primeira vista"); muitas delas têm equivalentes em linguagem comum perfeitamente aceitáveis. Alguns filósofos usam o jargão filosófico como um meio de fazer seu trabalho parecer mais difícil e importante do que ele realmente é (ver **cortina de fumaça**), uma vez que escrever assim requer iniciação no significado do jargão.

Em grupos fechados de pessoas que se comunicam entre si, como acadêmicos de universidades, palavras de jargão deitam raízes de modo muito rápido. Infelizmente, essa tendência, muitas vezes, põe o assunto muito além do alcance de qualquer um que não tenha sido iniciado no significado do jargão relevante (ver também **novilíngua**).

---

* Literalmente: "mudando-se o que deve ser mudado." (*N. do T.*)

L

levar para o lado pessoal
Atacar o caráter da pessoa com quem você está debatendo, em vez de encontrar defeitos em sua argumentação. Esta manobra é tradicionalmente conhecida como discutir *ad hominem* (do latim "para a pessoa"). Levar para o lado pessoal é, na maioria dos casos, uma técnica de **retórica**, uma vez que desacreditar a fonte de um **argumento** geralmente deixa o argumento em si intacto.

Se um político, por exemplo, afirmasse que reduzir o limite de velocidade em áreas habitadas reduziria acidentes envolvendo crianças, e um jornalista atacasse essa ideia baseado em que esse político fora multado por dirigir alcoolizado e correr demais, em diversas ocasiões, isso seria um caso de levar para o lado pessoal. Se o político é ou não um motorista responsável é irrelevante para saber se reduzir o limite de velocidade em áreas habitadas reduzirá acidentes. A **alegação** do político será mais bem-avaliada ao se examinar as evidências em apoio à **conclusão**. O jornalista desviou a atenção da discussão em pauta para a pretensa **hipocrisia** da pessoa que apresentou o argumento. Mas é sabido que hipócritas podem apresentar excelentes argumentos: muitos apresentam.

Mais um exemplo: se um membro de um comitê de indicações e nomeações faz uma defesa muito acirrada para que uma candidata particular ganhe o emprego e subsequentemente se fica sabendo que a candidata tinha um caso com ele na época, então esse fato poderia ser usado para derrubar a recomendação feita ao comitê de nomeação. O membro do comitê tinha um **interesse pessoal** em que aquela candidata conseguisse o emprego. No entanto, a natureza do relacionamento pessoal não destrói, de modo algum, a força da defesa apresentada. Se foram apresentados bons motivos para que essa pessoa fosse empregada, em vez de outros candidatos, então eles continuam sendo bons motivos. O que provavelmente seria injusto em um caso desses é que os outros candidatos não teriam tido um defensor tão motivado trabalhando em seu nome. Se houve **preconceito** em favor daquela candidata, então levar para o lado pessoal o envolvimento do membro do comitê seria adequado.

Obviamente, se um argumento envolve confiança nas premissas factuais, então seria adequado salientar que o debatedor é um mentiroso compulsivo. Nesse caso, levar para o lado pessoal indica um aspecto relevante do caráter do debatedor e é uma manobra aceitável. No entanto, na maioria dos casos, levar para o lado pessoal concentra-se em aspectos irrelevantes de caráter, desviando, com isso, a atenção dos argumentos apresentados.

linguagem emotiva
Linguagem que desperta emoção, geralmente expressando a aprovação ou desaprovação do orador ou escritor por uma pessoa, um grupo de pessoas ou uma atividade. As emoções típicas despertadas por essa linguagem são ódio ou forte aprovação, mais frequentemente o primeiro do que a última.

Alguém que, por exemplo, desaprove a pena de morte pode preferir descrevê-la como "assassinato". Isto seria **retórica** destinada a convencer outros da repugnância da matança judicial, ou pelo menos a reforçar seus já fortes sentimentos contra ela. Usando a palavra emotiva "assassinato", com todas as suas associações de mal e de matança brutal, o orador estaria estimulando o público a sentir pela pena de morte o mesmo que ele sente por mortes criminosas. Despertando fortes emoções, o orador pode tornar difícil um exame crítico dos argumentos pró e contra a prática.

Chamar os sem-teto de "vítimas da sociedade" expressa simpatia e pode provocar compaixão em uma plateia; chamá-los de "parasitas invasores" expressa repulsa e provavelmente despertaria ou reforçaria ódio contra eles.

Decidir chamar de "terroristas" ou de "lutadores pela liberdade" os que usam de violência para alcançar fins políticos depende inteiramente de se você aprova ou desaprova tais objetivos e atividades, se você os encara como aliados ou inimigos. Além do mais, o rótulo não se limitará a expressar sua aprovação ou desaprovação, mas também, muito provavelmente, despertará fortes sentimentos naqueles que ouvem ou leem suas palavras. Não há um termo neutro óbvio para as atividades dos que usam a violência para alcançar metas políticas. Isso é muito natural, uma vez que poucos de nós advogariam uma reação neutra às atividades de pessoas que estão dispostas a mutilar, matar e morrer por uma causa. Em alguns casos, usar uma linguagem não opinativa seria um sinal de indiferença ou complacência moral.

No entanto, sempre que houver a possibilidade de discussão racional ou negociação entre pessoas com pontos de vista polarizados é uma boa ideia evitar a linguagem emotiva o máximo possível, uma vez que ela, muitas vezes, envolve **esquivar-se da questão** e geralmente só o que consegue é aferrar oponentes em suas posições. Ela, muitas vezes, incorpora **suposições** que seriam vistas como falsas, se declaradas explicitamente, mas que podem ter força de convencimento quando deixadas tácitas.

O uso de linguagem emotiva não deve ser confundido com o *emotivismo*, que é uma teoria filosófica sobre a natureza dos julgamentos morais.

mentiras

Algo que se diz ou se escreve sabendo ou crendo que não é verdadeiro. Mentir é quase universalmente condenado, mas muito praticado. Algumas pessoas acham que mentir é absolutamente errado e nunca se justifica, independentemente de quaisquer consequências benéficas que possam resultar. Em especial, essas pessoas derivam tal ponto de vista de convicções religiosas. Outros acham que mentir é errado porque frequentemente tem consequências prejudiciais. Ainda que uma mentira não tenha nenhum efeito prejudicial em um caso particular, é moralmente errado porque, se descoberta, solapa a prática geral de dizer a verdade em que se baseia a comunicação humana. Por exemplo, se eu mentir sobre minha idade por motivo de vaidade e a minha mentira for descoberta, ainda que não causasse diretamente algum dano sério, eu teria destruído sua confiança geral de tal forma que dificilmente você acreditaria em alguma coisa que eu dissesse no futuro. Assim, toda mentira, quando descoberta, tem efeitos prejudiciais indiretos. No entanto, muito ocasionalmente, esses efeitos prejudiciais podem ser compensados pelos benefícios que advêm de uma mentira. Se alguém está seriamente doente, mentir-lhe sobre sua expectativa de vida pode muito bem lhe dar uma chance de viver mais tempo, enquanto lhe contar a verdade poderia induzi-lo a uma depressão que aceleraria o seu declínio orgânico. Nesses casos, mentir poderia ser o menor de dois males, embora não seja uma posição invejável ter de tomar a decisão sobre mentir ou não (ver também **economia com a verdade**).

modus ponens
Nome latino para **afirmar o antecedente** (ver também **antecedente, consequente, negar o antecedente, afirmar o consequente, negar o consequente**).

modus tollens
Nome latino para **negar o consequente** (ver também **antecedente, consequente, afirmar o antecedente, afirmar o consequente, negar o antecedente**).

mudar as traves do gol
Mudar o que está sendo debatido no meio do debate. Esta é uma tática muito comum para evitar críticas: assim que um debatedor se vê numa posição insustentável, muda o ponto em discussão para um outro, relacionado, mas muito mais facilmente defensável.

Então, por exemplo, se eu comecei por defender a posição de que todos os assassinos, sem exceção, deveriam automaticamente receber uma sentença de prisão perpétua, você poderia salientar que na categoria "assassino" existe uma grande variedade de pessoas, algumas das quais não podem ser consideradas plenamente responsáveis por suas ações por motivo de doença mental. Se eu continuasse como se tivesse estado o tempo todo discutindo somente sobre homicidas que fossem inteiramente responsáveis por suas ações, eu teria sutilmente mudado as traves do gol, ao mesmo tempo não reconhecendo ter havido uma mudança no que estava sendo discutido.

Frequentemente, a manobra de mudar as traves é facilitada por uma certa **vaguidão** a respeito do que estava sendo discutido primeiramente (ver também **irrelevância** e **ziguezaguear**).

muitas perguntas
Outro nome para **perguntas complexas**.

N

não entender o sentido
Ver **irrelevância**.

navalha de Ockham
Um princípio de simplicidade. Se você pode explicar algo adequadamente sem introduzir maior complexidade, então a explicação simples é a melhor explicação. Esse princípio, às vezes conhecido como o **princípio de parcimônia**, foi assim chamado em homenagem ao filósofo medieval Guilherme de Ockham. Muitas vezes, é apresentado como "Não multiplique entidades além do necessário", embora não tenha sido expressado assim pelo próprio Ockham. O que a navalha de Ockham significa na prática será mais bem-demonstrado por meio de um exemplo.

Tentando descobrir se o monstro do lago Ness existe ou não, cientistas poderiam examinar pretensas evidências fotográficas. Se essas provas puderem ser explicadas como o resultado de causas conhecidas, assim como lontras nadando ou galhos flutuando na água, então os cientistas seriam bem mais prudentes em aplicar a navalha de Ockham e evitar levantar hipóteses sobre a existência de um monstro ímpar para explicar as evidências. Não há necessidade de ir além do âmbito de fenômenos conhecidos para explicar a evidência fotográfica. Não é preciso invocar mais entidades para explicar o que se vê nos filmes.

Em geral, aplicar a navalha de Ockham é uma excelente ideia. Entretanto, o problema prático mais óbvio consiste em decidir o que conta como explicação simples e como simplificação. Como em tantas áreas do pensamento crítico, a sensibilidade ao contexto é vital.

negar o antecedente
Uma **falácia formal** com a forma:

> Se p, então q
> Não p
> Portanto, não q

Como a falácia de **afirmar o consequente**, ela trata "se" como se significasse "se e *apenas se*". O seguinte exemplo é uma instância de negar o antecedente:

> Se os preços das ações subirem, então você ficará rico.
> Os preços das ações não subiram.
> Então você não vai ficar rico.

Neste exemplo, é *possível* você ficar rico, apesar de os preços das ações não subirem. A subida dos preços das ações não é o único mecanismo pelo qual os homens ficam ricos.

Considerem mais um exemplo:

> Se você espalhar esterco de cavalo no solo, vai aumentar sua produção hortícola.

Você não espalhou esterco de cavalo no solo.
Então não vai aumentar sua produção hortícola.

Mais uma vez, espalhar esterco de cavalo no solo não é o único meio de aumentar a produção da sua horta: você pode acrescentar composto, algas marinhas, esterco suíno e todos os tipos de fertilizantes não orgânicos. Então a conclusão não se segue logicamente das premissas: é um *non sequitur*.

Em alguns casos, o contexto e o tema do argumento deixam claro que o "se" deve ser entendido como "se e *apenas se*". Esses não são casos de negar o antecedente. No seguinte exemplo, "se" só pode significar "se e apenas se":

Se você comprou um bilhete da loteria, você tem uma chance de ganhar.
Você não comprou um bilhete.
Então você não tem chance de ganhar.

Esse é um argumento válido (ver **validade**), desde que a única chance de ganhar na loteria seja comprar um bilhete.

negar o consequente

Um **argumento** válido (ver **validade**) com a seguinte forma:

Se p, então q
Não q
Portanto, não p

Esta forma de argumento é em geral conhecida por seu nome em latim *modus tollens* (modo de retirar). Um exemplo de negar o consequente é:

Se chover, então você vai se molhar.
Você não se molhou.
Então não está chovendo.

neologizar

Dar significados particulares a palavras em uso comum. Em inglês, esta prática tira o nome (*humptydumptying*) de Humpty Dumpty, personagem de Lewis Carroll em *Alice através do espelho*. Quando Alice pergunta a Humpty Dumpty o que ele queria dizer com "glória", ele responde: "Eu queria dizer o que você chama de um belo **argumento nocauteante!**", e Alice protesta que esse não é o significado de "glória". "Quando *eu* uso uma palavra", Humpty Dumpty responde em tom de leve zombaria, "ela significa exatamente o que eu escolho que signifique — nem mais, nem menos."

Isto é **definição estipulativa** de um tipo bastante bizarro, mas uma neologização menos conspícua pode levar à confusão e a mal-entendidos, particularmente quando não há estipulação explícita do significado de uma palavra. Por exemplo, se em um debate sobre pobreza alguém insiste em dizer que não há pobreza na Grã-Bretanha, se essa pessoa conhece as circunstâncias dos habitantes mais pobres do país, então fica claro que ela estava neologizando: usando a palavra "pobreza" de um modo muito incomum.

Vejamos outro exemplo: quando admiradores descrevem um membro do crime organizado, assassino notoriamente cruel, como "um sujeito bom de verdade", eles só podem estar neologizando. Eles sequestraram as palavras "sujeito bom de verdade" e as usaram para representar algo bem diferente do que elas habitualmente significam.

O termo "neologizar" deveria ser reservado para casos extremos de definição estipulativa e utilizações idiossincráticas de palavras em uso comum. Rotular o uso que alguém faz da linguagem de neologização é considerá-la ofuscante. Palavras têm significados públicos, e tratá-las como se não tivessem geralmente leva à confusão e **ambiguidade** (ver também **jargão**).

ninharias
Ver **pedantismo**.

non sequitur
Uma afirmação que não resulta logicamente das **premissas** que a precedem. A expressão em latim significa "não precede", mas é usada comumente em inglês, embora não tenha equivalente óbvio nesta língua. *Non sequiturs* são mais óbvios quando absurdos. Por exemplo, dos fatos de que a maioria dos gatos gosta de leite e alguns têm rabos, eu não poderia chegar à conclusão de que David Hume foi o maior filósofo inglês. Isso seria um completo *non sequitur*, que beira o surreal, seja a sua conclusão verdadeira ou não. *Non sequiturs* costumam ser anunciados pelo uso espúrio de "então" e "portanto" (ver **"portanto" espúrio e "então" espúrio**), mas o contexto de uma afirmação também pode sugerir que se trata de uma conclusão derivada do que a antecedeu, ainda que nenhuma dessas duas palavras tenha sido usada para indicar isso.

Qualquer **falácia formal** terá um *non sequitur* como sua **conclusão**, embora a maior parte desses *non sequiturs* seja menos óbvia do que o dado anterior. Falácias formais são por definição formas inválidas de argumento (ver **validade**), o que é só outro modo de dizer que suas conclusões não precedem de suas premissas.

Algumas afirmações podem parecer *non sequiturs* à primeira vista, mas, mais bem-examinadas, chega-se à conclusão de que resultam de **suposições** tácitas. Por exemplo, poderia parecer que alguém que dissesse "esta refeição contém carne, então você não deveria comê-la", seria culpado por tirar uma conclusão que não precederia da premissa dada, uma vez que a conclusão "você não deveria comê-la" não resulta do fato de que ela contém carne. Entretanto, aqui, a pessoa que fala pode muito razoavelmente ter presumido a premissa "você é vegetariano". Dado esse contexto tacitamente compreendido, a conclusão não é, de modo algum, um *non sequitur*, mas sim a conclusão de um **entimema**, um argumento com uma premissa omitida. Discussões reais ganham mais sabor com esses aparentes *non sequiturs*. Mais bem-examinados, muitos deles acabarão sendo conclusões tiradas de suposições compartilhadas. Não obstante, *non sequiturs* autênticos são comuns também; alguns se originam de descuido, outros, de **pensamento utópico**.

novilíngua

Nome que George Orwell deu à língua criada pelos governantes em seu romance sobre uma distopia, *1984*. Acreditava-se que a linguagem controlava o pensamento, tornando algumas ideias simplesmente impossíveis de se pensar.

Por exemplo, a palavra *sexcrime* era usada para abranger todas as instâncias de relacionamento sexual (exceto de procriação, entre marido e esposa, conhecido como *goodsex*). Juntando todas as outras formas de atividade sexual sob o título *sexcrime*, esperava-se que a linguagem limitasse a possibilidade de pensar sobre o sexo não procriativo em algum detalhe. Essa abordagem da linguagem envolve a **suposição** controversa de que a linguagem molda nosso pensamento na medida em que, se você não tem uma palavra para algo, não pode pensar a respeito daquilo.

A palavra "novilíngua" é usada às vezes como se significasse simplesmente **jargão**, como em "não consigo suportar toda essa novilíngua de computação". No entanto, esse uso é enganoso; novilíngua é muito mais sinistra do que **jargão**, uma vez que supostamente torna algumas ideias impensáveis (em vez de apenas impenetráveis).

O

obscurantismo
Ver **jargão** e **pseudoprofundidade**.

palavras de convencimento e persuasão

Palavras como "certamente", "obviamente" e "claramente", cujo principal papel é convencer o leitor ou ouvinte da verdade do que está sendo afirmado. Elas são usadas para efeito retórico (ver **retórica**).

Em muitos casos, o uso dessas palavras se justifica porque seria tedioso explicitar a evidência esmagadora em apoio a uma afirmativa particular prefixada com, por exemplo, "obviamente". A vida é curta demais para se perder tempo defendendo cada uma de nossas **alegações**, particularmente quando existe uma chance muito boa de que a pessoa a quem estamos nos dirigindo partilhe muitas de nossas crenças sobre o assunto. Entretanto, há ocasiões em que é necessário algo mais do que o floreio retórico ao usar umas poucas palavras de persuasão. Em alguns casos, palavras de persuasão são usadas para promover a entrada irregular no argumento de conclusões injustificadas. Ouvintes ou leitores desprevenidos podem se ver assentindo com a cabeça, em concordância com essas palavras-chave, sem parar para considerar se o que está sendo afirmado é ou não *obviamente* verdade. Se alguém diz "Obviamente, deveríamos acreditar em qualquer testemunho dado pela polícia", a palavra "obviamente" está ocupando o lugar de um argumento em apoio a essa conclusão, enquanto, ao mesmo tempo, nos convida a concordar com quem fala. Mas qual é a **premissa** implicada por essa palavra? Possivelmente, é algo como "A polícia nunca falsificaria provas nem mentiria sob juramento". Entretanto, esta premissa sugerida é falsa: infelizmente há casos em que policiais falsificaram provas e mentiram sob juramento. O uso da palavra de persuasão em vez da premissa torna fácil a um ouvinte evitar refletir sobre o que está realmente em jogo. Este tipo de uso de palavras de persuasão nem sempre é consciente, particularmente em conversação. Os usuários dessas palavras nem sempre estão tentando convencê-lo de algo que eles sabem não ser verdadeiro; muitas vezes estão apenas usando um modo abreviado para expressar suas próprias convicções.

paradoxo
Uma conclusão inaceitável, derivada de um raciocínio aparentemente inatacável a partir de **premissas** ao que parece incontroversas. "Paradoxo" é um termo preciso em filosofia; em conversação comum, "paradoxal" costuma ser usado como sinônimo para "estranho/esquisito" ou "inesperado". O uso filosófico é mais limitado do que isso. Paradoxos autênticos chamam a atenção para inconsistências em convicções ou anomalias em raciocínios. Eles são, muitas vezes, mais do que quebra-cabeças lógicos e, em muitos casos, têm forçado filósofos a revisar suas **suposições** inquestionadas.

Um exemplo é o famoso caso conhecido como paradoxo do montinho ou paradoxo sorites (*soros*: "pilha", em grego). Se 5 mil grãos de sal fazem uma pilha, então retirar um único grão ainda deixará um montinho. O mesmo acontece quando se retira mais um grão. E outro. E outro. Mas, se aplicarmos este raciocínio 4.999 vezes, ficaremos com apenas um grão. É de se supor que a pilha deixou de ser uma pilha algum tempo antes de se reduzir ao grão isolado. Mas quando isso aconteceu? Refazendo o caminho ao contrário: um único grão de sal não é um montinho; nem dois grãos; nem três. Então, quando é que temos uma pilha? O paradoxo aqui é que retirar ou acrescentar um grão de sal não pode fazer com que algo se torne ou deixe de ser uma pilha, parece que podemos reduzir qualquer montinho de sal a um único grão por uma série de estágios incontroversos de remoção de grãos únicos. E no entanto sabemos muito bem que um único grão de sal não é uma pilha.

Uma solução meio séria para este paradoxo é salientar que um grão não pode ser uma pilha. Nem tampouco dois ou três: eles só podem fazer um triângulo ou uma coluna de sal. Mas, uma vez que quatro grãos podem fazer uma pirâmide, então esse é o ponto no qual um conjunto de grãos pode tornar-se uma pilha. Por organizada que seja esta solução, ela fornece uma solução para as muitas outras instâncias deste paradoxo: o exemplo da pilha é apenas um exemplo. Há muitos outros termos semelhantemente vagos (ver **vaguidão** e **demarcar um limite**), como "alto" e "careca", para os quais não há fronteira nítida entre possuir e não possuir um desses dois atributos. Reduzir a altura de uma mulher alta em um milímetro não vai fazê-la deixar de ser alta; arrancar um único fio de cabelo da cabeça de um homem não vai subitamente deixá-lo careca (a não ser que se esteja usando "careca" em um sentido extremamente preciso, significando não ter um único fio de cabelo na cabeça, em vez do modo mais vago que costuma ser usado).

Em geral, deveríamos reservar a palavra "paradoxal" para descrever paradoxos autênticos, em vez de usá-lo em circunstâncias meramente estranhas ou incomuns. Senão nos arriscamos a perder precisão. (Para uma discussão sobre outros usos coloquiais de termos precisos, ver **esquivar-se da questão**, **pegadinha** e **validade**.)

paradoxo sorites
Ver **pensamento em preto e branco**, **demarcar um limite** e **paradoxo**.

pedantismo
Uma preocupação minuciosa, exagerada e inadequada com detalhe, muitas vezes à custa do que é realmente importante em uma questão. "Pedantismo" é sempre usado de modo pejorativo.

Por exemplo, um leitor pedante deste livro poderia queixar-se de que a primeira sentença deste e de muitos outros verbetes não tem verbo principal e então não é, rigorosamente falando, uma oração gramaticalmente correta. No entanto, se eu tivesse feito um esforço para refazer as definições de termos como orações, eu teria tido de sacrificar clareza e concisão, que são ambas mais capitais para os meus objetivos do que a correção gramatical. E mais, a decisão de começar cada verbete desse modo foi consciente, não uma transgressão acidental de alguma norma da gramática; concentrar-se neste aspecto do livro à custa do conteúdo seria mero pedantismo e, como tal, totalmente inadequado. A obediência servil a regras, particularmente na gramática e na sintaxe, é uma marca registrada do pedante: isto não equivale a dizer que deveríamos abandonar todas as regras, somente que a maioria das regras gramaticais deveria ser transgredida quando uma adesão rigorosa a elas liquidaria os objetivos do texto.

Um pedante administrador de um parque público poderia decidir mudar todas as placas do parque de "Por favor, não caminhe sobre a grama" para "Por favor, não pise a grama", porque o primeiro tipo de placa não excluía explicitamente dançar, pular, rastejar e correr sobre a grama. Este tipo de pedantismo sobre possíveis **ambiguidades** de enunciação (aqui, a pretensa **ambiguidade** é sobre o significado preciso de "não caminhe") é típico do pedante: a maioria deles é insensível ao contexto do que se diz e vê possíveis confusões onde não é possível confundir-se.

A acusação de pedantismo pode ser usada como uma forma de **retórica**. Pessoas concentradas em convencer outras de sua posição podem simplesmente descartar qualquer crítica como pedantismo. Se você encontra uma falha em um detalhe do raciocínio ou evidência de alguém, pode ser injustamente acusado de pedante. De fato, esta acusação costuma ser feita contra pessoas que são rigorosas em seu pensamento crítico. O meio mais eficaz de enfrentar isso é demonstrar que, no caso particular, a atenção a detalhes é adequada e relevante. Infelizmente, não há regra fácil para discriminar pedantismo de uma atenção adequada e louvável a detalhes. O que é exigível é uma sensibilidade aos padrões de exame adequados ao contexto particular.

pegadinha

Situação em que uma regra não lhe deixa nenhuma saída, quando outra regra aparentemente lhe apresenta outra possibilidade. Situação conhecida em inglês como *Catch-22*, que advém do romance *Catch-22*,* de Joseph Heller, no qual pilotos de guerra ficam desesperados para ficar em terra e não ter mais que voar em missões de combate altamente perigosas. Há uma regra que diz que, se um piloto é maluco, tem que ficar em terra. Alguns se declaram loucos para não voar. Mas se alguém pede para ficar em terra, isso é tomado como evidência conclusiva de sua sanidade: quem quer cair fora de combates tão perigosos não pode ser louco. Por outro lado, quem voa com certeza é biruta. Este é o *Catch-22* (um parágrafo do regulamento marcial). Significa que, na verdade, ninguém pode ser dispensado de voar. Como diz Heller no romance: "Só uma coisa pegava, e essa era a pegadinha... Quem voasse (em mais missões) era maluco e não tinha de voar; mas se não quisesse voar, era são, e tinha de voar."

Algumas pessoas hoje usam o termo "pegadinha" em um sentido mais livre do que esse. Usam-no, por exemplo, para descrever qualquer situação ardilosa. No entanto, é melhor reservá-lo para situações próximas à que Heller descreve.

O seguinte exemplo poderia muito bem ser descrito como uma situação de pegadinha. Imagine que, a fim de conseguir algum emprego no mercado editorial, você precise demonstrar sua adequação por já ter tido experiência de trabalho relevante em uma editora de livros. A não ser que você tenha esse tipo de experiência, não será aceito como candidato, nem tampouco entrevistado para o emprego. No entanto, como o único meio

---

* Transformado em filme de sucesso pelo diretor Mike Nichols, em 1970, com Alan Arkin, John Voigt e Martin Sheen, foi exibido no Brasil com o título *Ardil 22*. Quanto ao termo "pegadinha", foi tirado da cultura televisiva, referindo-se ao tipo de quadro criado nos EUA por Michael Morse com o título *Candid Camera* (Câmera Escondida), em que incautos são pegos caindo em ardis habilmente armados. (*N. do T.*)

de conseguir essa experiência é passar por um processo de seleção que exige que você já tenha trabalhado em editoras, você está diante de uma pegadinha. Ao que parece, você só conseguiria um emprego no ramo editorial se pudesse conseguir uma experiência de trabalho relevante, mas ter uma experiência relevante é requisito básico para começar a trabalhar em editoras. Então, não há como você se iniciar no trabalho editorial.

pensamento em preto e branco
Classificar cada caso particular como um exemplo de um de dois extremos, quando na verdade há uma série de possibilidades intermediárias. Isso é uma variedade de **falsa dicotomia**. Pensamento em preto e branco é quando se tenta fazer o mundo se encaixar em categorias preconcebidas muito simples.

Por exemplo, ignorar o fato de que há muitas possibilidades entre ser sadio e completamente insano, tratar todo mundo como se as pessoas devessem simplesmente ser uma coisa ou outra seria uma instância de pensamento em preto e branco. Alguém que tratasse a insanidade como um fenômeno do tipo tudo ou nada estaria distorcendo seriamente os fatos. Há um *continuum* ao longo do qual todos nos encontramos (embora nossa posição nesse *continuum* não esteja de modo algum fixada por toda a nossa vida). Do mesmo modo, dizer que todo mundo é abstêmio ou alcoólatra seria estabelecer mais uma dicotomia obviamente falsa baseada em pensamento em preto e branco (ver também **demarcar um limite**).

Isto não significa dizer que o pensamento em preto e branco seja sempre inadequado: em alguns casos, existem realmente apenas duas posições que podem ser adotadas. Por exemplo, seria razoável tratar as respostas dadas a um teste de matemática em múltipla escolha como corretas ou incorretas; nem sempre seria inadequado dividir maratonistas entre os que correram a mais e a menos que seis minutos por quilômetro. Em ambos esses exemplos, não há entre os dois extremos qualquer posição que possa ser ocupada: isso pode ser usado como uma forma de **retórica**, como no clichê "quem não é por nós é contra nós", o que estabelece uma **falsa dicotomia** do tipo preto e branco, ignorando a possibilidade de neutralidade e de graus de comprometimento, a fim de convencer o ouvinte a pular de cabeça no apoio à causa em questão.

pensamento utópico*

Acreditar que, porque seria agradável se algo fosse verdade, então deve ser efetivamente verdade. Este padrão de raciocínio é extremamente comum e muito tentador, porque ele nos permite evitar verdades desagradáveis. Em suas formas extremas, é um tipo de autoengano; em formas mais moderadas, um otimismo injustificado. É surpreendente ver até que ponto as pessoas vão e as **racionalizações** que farão para evitar enfrentamento de evidências que derrubariam seu pensamento quimérico.

Alguém, por exemplo, que toma uns dez canecões de cerveja por dia pode convencer-se de que isso não tem qualquer efeito sobre sua saúde. Isso é provavelmente um pensamento

---

* Originalmente, *wishful thinking* é um dos grandes e (aparentemente) insolúveis problemas de tradução do inglês para o português (tal como *insight*), uma vez que o conceito de acreditar no que se gostaria que fosse verdade é tão rico de significado e recebeu em inglês uma compressão tão perfeita (através da substantivação do verbo *to think*). Proponho a expressão "pensamento utópico" ou "quimérico" e, ainda inspirado por este livro, uma possibilidade interessante seria a "falácia otimista". Mas isso cabe aos acadêmicos ou ao público decidir. (*N. do T.*)

utópico, uma vez que esse volume de álcool está significativamente acima dos níveis de consumo aprovados pelos médicos. A fim de manter essa convicção de que a bebida não tem efeito sobre a sua saúde, o bebedor terá de ignorar vários sintomas ou atribuí-los a outras causas. Quando ele vai do bar para casa dirigindo depois de beber tanto, pode acreditar que seu desempenho ao volante fica inalterado, porque é mais conveniente para ele dirigir do que tomar um táxi. Mais uma vez, isso seria um exemplo de pensamento utópico, uma vez que a velocidade de suas reações, sua coordenação e seu julgamento com certeza estariam gravemente afetados pela presença de tanto álcool em seu organismo. Seu pensamento utópico pode estar sendo ajudado pelos efeitos do álcool, seus processos lógicos podem estar atordoados pela bebida, de forma que ele não vê as possíveis consequências de suas ações e, assim, equivocadamente, acredita que as leis sobre beber e dirigir não precisam se aplicar a ele. Como este último exemplo mostra, o pensamento utópico ou quimérico pode ser perigoso, uma vez que ele desce um véu entre nós e a verdade.

perguntas
Ver **perguntas complexas** e **perguntas retóricas**.

perguntas complexas
Perguntas com diversas partes mas que têm a aparência de perguntas simples. O uso de perguntas complexas, às vezes, é conhecido como a falácia das muitas perguntas (uma **falácia informal**). Perguntas complexas geralmente envolvem **esquivar-se da questão**, uma vez que elas assumem uma posição quanto ao que é debatido. É extremamente difícil respondê-las de um modo direto, sem aceitar as **suposições** do pergun-

tador. Essas perguntas são, muitas vezes, usadas deliberadamente para levar os incautos a algum tipo de confissão ou de aparente confissão.

Por exemplo, se alguém lhe perguntar: "quando foi que você parou de usar drogas?", pode ser uma manobra deliberada para levá-lo a admitir, por implicação, que você costumava consumi-las. Se ainda não foi determinado que você algum dia usou drogas, então seria mais honesto fazer-lhe as três perguntas mais simples que estão implicitamente contidas nessa pergunta complexa:

1. Você algum dia usou drogas?
2. Caso positivo, parou de usá-las?
3. Caso positivo, quando foi que parou de usá-las?

Enquanto as respostas à primeira e à segunda pergunta não tiverem sido estabelecidas, na maioria dos contextos seria **esquivar-se da questão** perguntar "Quando foi que você parou de usar drogas?".

O jornalista, ao perguntar a um escritor famoso "quando foi que você resolveu que queria ser romancista?", pode estar fazendo uma pergunta complexa para economizar tempo. Mas é evidentemente uma evasão da questão, no sentido de que supõe que o escritor de fato decidiu em algum momento tornar-se romancista, o que, de modo algum, precisa ter sido o caso; o escritor pode nunca ter decidido se tornar romancista. A pergunta do jornalista poderia ser dividida em duas perguntas mais simples:

1. Você tomou a decisão de vir a ser romancista?
2. Caso positivo, quando?

Nos dois exemplos anteriores, há uma saída simples para a pessoa interrogada responder: "Eu nunca usei drogas" ou "Eu nunca tomei a decisão consciente de vir a ser um romancista". Mas algumas outras formas de pergunta complexa podem ser muito mais difíceis de responder. Por exemplo, se alguém perguntar: "Você vai continuar se comportando como uma pirralha mimada ou vai admitir que deveria passar pelo menos meia hora por dia cuidando da casa?", é quase impossível dar uma resposta sucinta sem sugerir que você vinha se comportando como uma pirralha mimada e vai continuar a fazê-lo, ou que está preparada para admitir que deveria passar pelo menos meia hora por dia cuidando da casa. Mas a pessoa que pergunta pode ter armado uma **falsa dicotomia:** pode haver outras opções, não dadas na pergunta complexa. Dizer "Eu não me comportei e, portanto, não posso continuar a me comportar como uma pirralha mimada, nem vou admitir que deveria passar pelo menos meia hora por dia cuidando da casa" parece um modo muito enrolado de responder a essa pergunta, mas, a não ser que você responda as partes constituintes isoladamente, é provável que acabe descobrindo que foi engambelada a cair em um assentimento implícito das **suposições** daquele que pergunta.

Perguntas complexas não devem ser confundidas com perguntas tendenciosas, embora algumas dessas perguntas sejam perguntas complexas. Perguntas tendenciosas sugerem a resposta que a pessoa questionada deveria dar. Em conversa comum, não há nada errado com essas perguntas: contudo, elas não são jamais permitidas em um tribunal.

perguntas compostas
Outro nome para **perguntas complexas.**

perguntas retóricas
Perguntas feitas mais para causar efeito do que para obter respostas. Às vezes, quem pergunta supõe que exista apenas uma resposta possível, caso em que a pergunta retórica funciona precisamente do mesmo modo que **palavras de convencimento e persuasão**. Dessa forma, perguntas retóricas simplesmente substituem declarações diretas: "Quem poderia duvidar de que...?" e "Alguém ia querer viver num mundo em que...?" são, na maioria de suas utilizações, equivalentes a "Ninguém pode duvidar de que..." e "Ninguém ia querer viver num mundo em que...". Usar ou não essas perguntas é, em grande medida, uma questão de estilo pessoal ao escrever ou falar.

Entretanto, existe outra forma de pergunta retórica que, às vezes, é usada para evitar assumir uma posição clara sobre o assunto em questão. Por exemplo, um autor investigando o tópico do livre-arbítrio poderia terminar um parágrafo com: "E, de qualquer modo, teremos realmente liberdade de escolher?". Esse floreio retórico é perfeitamente aceitável se o autor estiver preparado para responder à pergunta. Mas, se ele a deixar pairando no ar, isso é uma forma de desleixo intelectual.

De certo modo, é fácil e com certeza não ajuda nem um pouco levantar um grande número de perguntas aparentemente profundas sobre qualquer tópico (ver também **pseudoprofundidade**); o difícil e mais importante é encontrar respostas para elas.

perguntas tendenciosas
Ver **perguntas complexas**.

petitio principii ("petição de princípio")
Nome latino para **esquivar-se da questão**.

pistas falsas
Uma forma de **irrelevância** que leva os inocentes a seguir por uma trilha falsa.

Um *red herring* [arenque cor de salmão] é literalmente um peixe seco que, quando arrastado na trilha de uma raposa, desorienta os cães de caça a seguir pelo olfato a pista errada. Introdução deliberada de tópicos irrelevantes (ver **irrelevância**) em uma discussão, é uma manobra usada com frequência. Ela é particularmente eficaz porque pode não ser óbvia durante o tempo em que a pista é falsa, uma vez que em pistas falsas há interesse intrínseco e, a princípio, parecem ser pertinentes à questão discutida. Elas são especialmente prejudiciais ao debate quando o tempo para discutir a questão é limitado (ver **resposta do político**).

Por exemplo, se em um debate sobre liberdade de expressão alguém começasse a descrever a estrutura e o funcionamento da internet, isso poderia, a princípio, parecer ter alguma relevância para a questão. Mas se nenhuma conexão fosse feita, voltando-se à questão da liberdade de expressão, mais cedo ou mais tarde as pessoas se dariam conta de que o orador saíra pela tangente e introduzira um tópico que, embora interessante em si mesmo, não tinha, conforme fora usado, nada a ver com o tópico em discussão.

portanto
Ver **palavras de convencimento e persuasão** e **"portanto" espúrio e "então" espúrio**.

"portanto" espúrio e "então" espúrio
O uso inadequado das palavras "portanto" ou "então" para convencer ouvintes ou leitores de que algo foi provado quando

"portanto" espúrio e "então" espúrio

de fato não foi. As palavras "portanto" e "então" são geralmente usadas para indicar que o que se segue é a **conclusão** de um **argumento**, explicitamente declarado ou implícito. Por exemplo, no argumento seguinte, a palavra "portanto" é usada corretamente para indicar que o que se segue é uma conclusão, derivada por **dedução**, das **premissas** dadas.

> Todos os peixes vivem na água.
> Sócrates é um peixe.
> Portanto, Sócrates vive na água.

A palavra "então" bem poderia ter sido usada no lugar de "portanto". No discurso cotidiano, em geral, é tedioso e desnecessário expressar todas as premissas de um argumento, uma vez que é razoável dar como certo que a pessoa com quem estamos falando partilha muitas de nossas **suposições**. Seríamos provavelmente inclinados a dizer algo como: "Sócrates é um peixe, donde, é claro, vive na água", em vez de dar o argumento completo. Isso é um **entimema**, argumento com uma premissa omitida (a de que todos os peixes vivem na água). Não há nada errado nisso, contanto que fique claro o que foi deixado de fora.

Entretanto, alguns escritores e oradores exploraram o poder persuasivo de "portanto" e "então" e salpicam essas palavras liberalmente em sua prosa, mesmo não oferecendo qualquer argumento para suas pretensas conclusões. É uma alternativa fácil para defender suas conclusões, e muitos leitores distraídos se deixam levar por ela. Mas, na verdade, as pretensas conclusões que seguem usos espúrios de "portanto" e "então" são ***non sequiturs***. Por exemplo, se alguém diz: "O boxe costuma causar danos cerebrais, então devia ser proibido", a conclusão que se segue a "então" poderia ter sido derivada de diversas premissas omitidas, assim como "Qualquer atividade que costuma causar danos cerebrais deveria ser proibida", ou ainda "Esportes que costumam causar danos cerebrais deveriam ser proibidos", ou "Se o boxe costuma causar danos cerebrais, então deveria ser proibido". Essa relação não esgota as alternativas possíveis. Mas, a não ser que a premissa seja óbvia no contexto, ou efetivamente declarada, o uso de "então" é espúrio: ele dá a aparência superficial de um argumento, mas na verdade é uma mera **alegação** disfarçada. É um caso de pensamento descuidado ou de uma tentativa de convencer por meio de um recurso retórico (ver **retórica**).

post hoc ergo propter hoc

Frase em latim que significa "depois disto, portanto, por causa disto" ou, para expressá-lo mais completamente: "se algo acontecer em seguida a isto, deve ter acontecido por causa disto". Um tipo de **correlação = confusão de causa**.

preconceito

Uma convicção sustentada sem bom motivo ou sem se considerar a veracidade de determinadas evidências. "Preconceito", às vezes, é usado em um sentido mais amplo do que este para significar qualquer ponto de vista desagradável, quer quem o adote tenha ou não examinado as evidências em seu apoio; entretanto, este uso do termo dilui o seu significado.

Por exemplo, um juiz que soubesse que um réu já havia atacado um policial pode não ouvir imparcialmente quando a mesma pessoa vier a julgamento acusada do mesmo tipo de ataque. Ele pode já ter decidido que o acusado era culpado. Um empregador pode ter preconceito em favor de um candi-

premissas

dato a um emprego pelo simples fato de que ambos fizeram a mesma faculdade, mesmo que este fato não seja um critério relevante para o desempenho no serviço em questão. Em outras palavras, o empregador já teria resolvido que o tal candidato era o mais adequado para o posto, antes de examinar qualquer evidência relevante. Um senhorio pode ter preconceito contra todos os estudantes pelo motivo de um inquilino, estudante, certa vez ter ido embora sem pagar o aluguel. Nesse caso, como em muitos de preconceito racial e sexual, um grupo de pessoas é tratado como se todas elas tivessem características comuns, quando está claro que não há grande homogeneidade dentro desse grupo (ver **generalização precipitada**).

O pensamento crítico é o oposto do preconceito. Somos todos cheios de preconceitos sobre uma grande variedade de temas, mas é possível eliminar alguns deles fazendo um esforço em examinar evidências e argumentos de ambos os lados para qualquer questão. A razão humana é falível, e a maioria de nós, fortemente motivada a agarrar-se a *algumas* convicções, mesmo diante de evidências contrárias a elas (ver **pensamento utópico**); entretanto, até mesmo pequenas incursões contra preconceitos podem transformar o mundo para melhor.

premissas

Suposições que derivam **conclusões**. As premissas são as partes de um **argumento** que dão motivo para se acreditar que a conclusão é verdadeira ou falsa.

No seguinte argumento, duas premissas levam a uma conclusão:

> Primeira premissa: Se você viaja em um voo transatlântico, vai chegar cansado ao seu destino.

Segunda premissa: Você está viajando em um voo transatlântico.
Conclusão: Portanto, vai chegar cansado ao seu destino.

Note-se que, ainda que nenhuma das premissas fosse verdadeira, o argumento ainda assim é válido (ver **validade**); no entanto, se as premissas são verdadeiras, então a conclusão deve ser verdadeira.

premissas omitidas
Ver **suposição** e **entimema**.

pressuposição
Uma **premissa** adotada (ver **suposição**) pelo bem da discussão, mas não necessariamente acreditada. Pressuposições, diferentemente de **alegações**, não são dadas como verdade; em vez disso, elas são úteis para se descobrir o que é verdade.

Tomemos como exemplo um inspetor de polícia que poderia dizer o seguinte: "Vamos pressupor que o assassino entrou na casa pela janela. Certamente esperaríamos, então, encontrar indícios de entrada forçada." O inspetor não está afirmando que o assassino decididamente entrou na casa pela janela; nem mesmo que, provavelmente, foi isso que aconteceu. O inspetor está nos convidando a seguir uma linha de raciocínio baseada na pressuposição de que o assassino entrou pela janela. Em outras palavras, o inspetor está propondo uma hipótese sobre o que poderia ter acontecido.

Em um debate sobre vídeos "violentos", alguém poderia propor: "Suponhamos que você esteja certo ao dizer que assistir a vídeos 'violentos' desperta violência em uma pequena porcentagem de espectadores. Podemos ter certeza de que eles não teriam encontrado outros gatilhos se não existissem vídeos violentos?" Aqui, quem está falando talvez sequer acredite que assistir a vídeos violentos de fato provoca violência, mas mostra que, ainda que pudesse ser demonstrado que esses vídeos podem estimular a violência, não quer dizer que eles sejam os únicos a fazê-lo. Em outras palavras, ele está pedindo para supor, pelo bem da discussão, que assistir a esse tipo de vídeos pode despertar violência (ver também **advogado do diabo** e **suposição.**)

pressuposto
Ver **suposição** e **pressuposição**.

princípio de não contradição
Ver **contradição**.

princípio de parcimônia
Ver **navalha de Ockham**.

prova por ignorância
Uma **falácia informal** na qual a falta de evidência conhecida contra uma convicção é tomada como um indício de que ela seja verdadeira. Entretanto, a ignorância de uma evidência contra uma posição não prova que não possa haver evidência contra ela; na melhor das hipóteses, isso funciona apenas como um apoio indireto.

Por exemplo, ninguém forneceu evidência conclusiva de que assistir a programas violentos na televisão leva crianças a serem mais violentas. Há tantas variáveis que precisam ser controladas a fim de estabelecer uma conexão causal que é muito natural que até agora não se tenha produzido evidência a este respeito (ver também **correlação = confusão de causa**). Concluir dessa falta de provas que, *portanto,* a violência na televisão *não* leva as crianças a serem mais violentas é um erro. É fácil ver por que isso não funciona, uma vez que precisamente a mesma falta de evidências poderia ser usada para "provar" o caso oposto: que, *portanto,* a violência na televisão *de fato* leva as crianças a serem mais violentas do que seriam de qualquer forma. Ambas as conclusões são *non sequiturs.*

Embora ninguém tenha apresentado evidência conclusiva de que não há vida após a morte, seria extremamente precipitado tratar isso como uma prova conclusiva de que de fato há. Com a mesma técnica, poderíamos provar que todo mundo estará condenado a uma tortura eterna após a morte ou que todos reencarnaremos como bichos-de-pau.

Parte da tentação de acreditar que prova por ignorância é prova de verdade pode se originar do fato de que em alguns tribunais prevalece o princípio jurídico de que um réu deve ser considerado inocente até que se prove o contrário. Em outras palavras, a falta de evidência contra alguém é tida como prova, para os fins do tribunal, de que essa pessoa não cometeu o crime. No entanto, como muitos casos de pessoas culpadas que saem livres devido à falta de evidência demonstram, isso não é realmente uma *prova* de inocência, mas meramente um modo prático, ainda que impreciso, de proteger gente inocente de condenação injusta.

provincianismo

Generalizar sobre o modo correto de se comportar com base em como as pessoas se comportam na sua localidade é, às vezes, conhecido como provincianismo (ver também **generalização**

precipitada). É um modo duvidoso de argumentação. O próprio nome incorpora **preconceitos** sobre pessoas que vivem nas províncias: a ideia é a de que elas não viajam, têm relativamente pouco conhecimento dos costumes do mundo e têm uma tendência a supor que aquilo que as pessoas fazem em sua localidade particular deve valer para o resto do mundo, ou pelo menos é o melhor meio de conduzir as coisas: claramente, generalizações nada seguras de se fazer com base na evidência disponível.

Então, por exemplo, porque em uma mesa de honra no refeitório da Universidade de Oxford modos antiquados determinam que se deve descascar uma banana com o auxílio de garfo e faca, alguns alunos podem achar que quem descasca bananas com as mãos é alguém a quem falta refinamento.

pseudoprofundidade
Fazer declarações que parecem profundas, mas não são. Um dos meios mais fáceis de gerar declarações pseudoprofundas é falar ou escrever em aparentes paradoxos (ver **paradoxo**). Por exemplo, se você disser uma das frases seguintes de um modo muito sério, é possível que algumas pessoas achem que você está dizendo algo particularmente importante sobre a condição humana:

>   Conhecimento é só mais um tipo de ignorância.
>   Mexer-se deixa você precisamente no mesmo lugar.
>   O caminho para a verdadeira virtude passa pelo vício.
>   Superficialidade é um tipo importante de profundidade.

Embora a meditação de algumas dessas afirmações possa revelar possíveis interpretações interessantes, e em um contexto adequado elas possam ser de fato profundas, uma vez entendido como são fáceis de se criar, será mais difícil você se deixar levar por elas.

Outro meio de alcançar pseudoprofundidade é repetir declarações banais como se fossem profundas, uma técnica preferida por alguns psicólogos populares:

> Ao nascer, somos todos crianças.
> Os adultos nem sempre são legais uns com os outros.

Um terceiro modo de criar pseudoprofundidade é fazer uma série de **perguntas retóricas** e deixá-las pairando no ar, sem tentar dar-lhes respostas:

> Os seres humanos serão um dia realmente felizes?
> A vida é um jogo sem sentido?
> Podemos chegar a conhecer a nós mesmos?
> Será que todo mundo sofre de insegurança?

A profundidade vem ao tentar responder a essas perguntas, não quando as fazemos.

R

racionalização
Disfarçar os motivos reais para agir de determinada maneira dando uma justificativa autocomplacente que, ainda que plausível, não é verdadeira (ver também **pensamento utópico**). Em casos extremos, os que racionalizam passam a acreditar em suas próprias racionalizações.

Vejamos um exemplo: alguém poderia racionalizar o fato de ter pegado e guardado um relógio de ouro encontrado na rua como: "Bem, eu sei que é errado, mas, se eu não o tivesse feito, alguém o faria. E, além disso, se eu o levasse para a polícia, ninguém ia aparecer para buscá-lo, então seria perda de tempo e de energia de todo mundo" (ver também **"todo mundo faz isso"**). Fica transparente para a maioria dos observadores em uma situação dessas que a real motivação para guardar o relógio era o desejo de ficar com ele, mas a racionalização da ação faz com que ela pareça socialmente mais aceitável (ver também **"isso nunca me fez mal algum"**).

Um governo poderia racionalizar seu apoio ativo a um dos lados de uma guerra civil em um país distante alegando estar intervindo por motivos humanitários, quando, na verdade, a razão abrangente era manter o acesso às ricas reservas minerais daquele país.

recorrer à autoridade
Ver **verdade por autoridade**.

redefinição arbitrária
Ver **neologizar** e **definições estipulativas**.

reductio ad absurdum
Uma expressão* usada para se referir a duas táticas relacionadas em um argumento. O significado primário da expressão é técnico em lógica, pelo qual se prova a verdade de uma determinada afirmação supondo-se, pelo bem do **argumento** (ver **pressuposição**), que ela é falsa, e mostra que essa suposição — de que a afirmação é realmente falsa — leva a uma **contradição**. Como essa técnica quase nunca é empregada em argumentação cotidiana, faz pouco sentido inventar um exemplo para ilustrá-la.

O segundo significado, muito mais comum, e uma técnica muito mais útil, é o de refutar uma posição demonstrando que ela levaria a consequências absurdas se fosse verdade. Por exemplo, se alguém afirmasse que todo tratamento diferenciado por motivo de sexo é moralmente errado, então eu poderia salientar que isso levaria à conclusão de que ter vestiários separados para homens e mulheres na piscina é moralmente errado, uma vez que nenhuma mulher pode entrar no vestiário dos homens e nenhum homem no das mulheres. E no entanto, intuitivamente, esse é um ponto de vista absurdo. Então, podemos confiantemente rejeitar a afirmação de que *todo* treinamento dife-

---
* Do latim, significa "redução até o [nível de] absurdo". (*N. do T.*)

rencial com base em sexo é moralmente errado. (Para mais exemplos, ver **tática das consequências absurdas.**)

refutação
Prova de que uma afirmação, **alegação** ou acusação não é verdadeira. Não deve ser confundida com rejeição: se você *repudia* uma afirmação, você simplesmente nega que seja verdade. Por exemplo, é simples refutar a **alegação** de que ninguém chegou a enriquecer escrevendo livros sobre filosofia citando um único **contraexemplo**, como Jostein Gaarder, o autor de *O mundo de Sofia*. Rejeição não exige evidência ou argumento; refutação, por outro lado, exige. Infelizmente, muitas pessoas usam a palavra "refutar" como se fosse intercambiável com "repudiar" ou "rejeitar". Com frequência, políticos alegarão ter "refutado" o argumento de um oponente, quando só negaram que fosse verdade. A tentação de usar a palavra "refutar" desse modo pode ter origem no **pensamento utópico**: pode simplesmente ser o caso de que é agradável pensar que você derrubou a posição de um oponente com o simples fato de negá-la. No entanto, no sentido preciso desses termos, refutação geralmente exige consideravelmente mais esforço do que rejeição.

refutação por contraexemplo
Ver **contraexemplo ou contra-argumento.**

rejeição ou repúdio
Ver **refutação.**

resposta do político
Um tipo de **irrelevância** que se costuma encontrar quando políticos são entrevistados no rádio ou na televisão. É uma técnica da **retórica** pela qual eles evitam dar respostas diretas a

perguntas a que não querem realmente responder em público. Em vez de dar uma resposta direta a uma pergunta direta, o político faz um breve (ou às vezes bastante longo) discurso sobre um tópico relacionado. O truque consiste em fazer um discurso internamente coerente; assim ele parece ter um desempenho confiante e plausível em resposta ao que deviam ser perguntas embaraçosas. Essa tática diversionista permite que ele evite dar uma resposta a uma pergunta potencialmente prejudicial e também lhe dá tempo para uma rápida transmissão político-partidária. É um tipo de **economia com a verdade**.

Um político a quem é perguntado, por exemplo: "Pretende aumentar impostos quando estiver no cargo?" — uma pergunta direta convida à resposta "sim" ou "não" — poderia bem responder discutindo a política fiscal do partido oponente ou as virtudes de um estilo particular de taxação, ou talvez as virtudes da abordagem passada de seu próprio partido quanto aos impostos. Em outras palavras, ele evita a pergunta específica que foi feita. A não ser que você esteja prestando bastante atenção, é fácil esquecer qual foi a pergunta inicial e ser levado por um fluxo de retórica. Infelizmente, essa técnica não se limita a políticos (dos quais esperamos técnicas retóricas desonestas para livrar a própria cara), mas é usada por muitas outras pessoas em posições de responsabilidade que querem evitar enfrentá-las (ver também **pistas falsas**).

retórica
A arte da persuasão. Em vez de dar motivos e apresentar **argumentos** em apoio a **conclusões**, quem usa retórica emprega uma bateria de técnicas, como **alegação** enfática, **palavras de convencimento e persuasão** e **linguagem emotiva**, para convencer o ouvinte ou leitor de que o que eles dizem ou sugerem é verdade.

Uma técnica retórica preferida por obras de caridade anunciadas em jornais é montar uma **falsa dicotomia**: "Você pode mandar 50 libras para nossa obra de caridade ou pode ignorar o sofrimento dos outros." Este tipo de dicotomia sugere que há apenas duas opções dentre as quais escolher, e uma delas é pouco atraente; assim, você deveria se convencer a dar dinheiro para caridade. Na verdade, há muitas outras coisas que você pode fazer para demonstrar que se preocupa com o sofrimento dos outros.

Outra técnica preferida por anunciantes é usar retórica visual para convencê-lo de que o produto deles é o que você deveria comprar, ligando esse produto a um estilo de vida glamoroso; a implicação é de que, se você comprar o produto, então você também terá um estilo de vida glamoroso. Se você tivesse bons motivos para acreditar que, digamos, comprar um determinado tipo de carro o arremessaria para um mundo de gente bonita, então não seria meramente retórica; haveria motivos para a sua convicção. Entretanto, na maior parte da publicidade desse tipo não há argumento plausível apresentado nesse sentido e, em muitos casos, quando o argumento implícito é explicado, mostra-se obviamente absurdo. Não obstante, o efeito psicológico de ver um produto associado ao *glamour* pode ser muito forte.

Não há nada intrinsecamente errado em usar retórica, e ela tem seu lugar no tipo de discurso que visa mudar as opiniões das pessoas. Entretanto, frequentemente, floreios retóricos escondem evidência fraca e raciocínio defeituoso.

ridicularizar
Ver **tática *ad hominem*, levar para o lado pessoal** e **espantalho**.

S

sofisma
Uma exibição de esperteza que não respeita os princípios do bom raciocínio, mas introduz sub-repticiamente conclusões sob uma capa de falso *argumento*. É um termo abrangente para toda uma série de técnicas dúbias, incluindo **esquivar-se da questão, argumentos circulares, confusão, falácia formal, falácia informal, pseudoprofundidade** e **retórica**.
O seguinte exemplo é um sofisma:

> Sofista: Esta gata é sua mãe.
> Dono da gata: Isso é ridículo: como esta gata pode ser minha mãe?
> Sofista: Bem, você não está negando que esta gata é sua, está?
> Dono da gata: Certamente que não.
> Sofista: E não é verdade que esta gata é mãe?
> Dono da gata: Sim.
> Sofista: Então esta gata deve ser sua mãe.
> Dono da gata: Oh!

Neste caso, é relativamente simples ver que a conclusão do sofista é falsa, e não muito mais difícil ver porque ela não resulta das premissas estabelecidas. No entanto, em sequências de raciocínio mais complexas, o sofisma pode ser mais artificiosamente disfarçado e mais pernicioso em seus efeitos.

Os sofistas eram professores na Grécia Antiga que, segundo se diz, ensinavam a seus discípulos como vencer discussões por quaisquer meios disponíveis; acredita-se que eles estavam mais interessados em ensinar meios de progredir no mundo do que maneiras de descobrir a verdade. Se os sofistas verdadeiros eram ou não tão inescrupulosos quanto são pintados, o uso moderno do termo "sofisma" é sempre pejorativo e habitualmente sugere que o debatedor é um charlatão perfeitamente cônscio das insuficiências de seus argumentos.

(S-se)
Forma resumida que os lógicos usam para "se e apenas se".

suposição
Uma **premissa** tácita dada como certa e nunca explicitada. Na verdade, a palavra "suposição" é ambígua (ver **ambiguidade**), uma vez que poderia justificar também uma premissa afirmada, que é o ponto de partida de um argumento (ver **pressuposição**). Todos fazemos suposições a maior parte do tempo; se não fizéssemos, qualquer discussão exigiria tantos preparos prévios que nunca chegaríamos ao ponto desejado. Porque partilhamos muitos pressupostos, é relativamente fácil para nós nos comunicarmos uns com os outros. Mas, quando duas pessoas tentam discutir uma questão sobre a qual têm suposições muito diferentes, é provável que surjam confusão e mal-entendidos

Por exemplo, em uma discussão sobre o *status* dos chamados vírus de computador, um cientista eminente afirmou que há bons motivos para considerá-los uma forma de vida, uma vez que, como os vírus comuns, eles são capazes de se multiplicar e são parasitários. Outro cientista salientou que, mesmo que admitamos o argumento de que vírus de computador são como os vírus comuns, isso ainda não prova que vírus de computador devam ser considerados organismos vivos, já que é discutível dizer que os próprios vírus comuns estão vivos. O primeiro cientista estava raciocinando sobre a base de uma forte analogia (ver **analogia, argumentos por**) entre vírus de computadores e vírus comuns, e o segundo cientista estava contestando a **conclusão** a que se poderia chegar mesmo que a analogia se sustentasse. O segundo cientista queria dizer que o primeiro estava fazendo uma ampla suposição sobre se vírus comuns são vivos ou não. Somente se vírus comuns fossem vivos, a conclusão do primeiro cientista seria justificada. Essa suposição não foi explicitada no argumento do primeiro cientista: ele apenas deu bons motivos para haver uma forte analogia entre vírus comuns e de computador. Uma vez explicitada a suposição, ela pode ser discutida, e sua verdade ou falsidade pode ser avaliada (ver também **entimema**). No caso, perguntar se um vírus é uma coisa viva ou não poderia ser abordado, e então, se ficasse estabelecido que sim, a força da analogia entre vírus biológicos e de computador poderia ser examinada.

Algumas pessoas brincam que, quando você *supõe* algo, se faz de tolo.* Isto não é apenas um trocadilho, é um equívoco. Todos temos que fazer suposições a maior parte do tempo, e nada há de intrinsecamente errado em fazê-las, contanto que sejam realmente verdadeiras e que nós estejamos cientes

---

* No original: Some people joke that when you *assume* something you "make an ass out of 'u' and 'me'". (*N. do E.*)

do que elas são. Suponho que o sentido dessa observação seja o de que, em certas situações, é muito importante não fazer quaisquer suposições antes que se tenha reunido evidências. Isso é muito diferente de dizer que *todas* as suposições deviam ser evitadas, o que seria uma meta impossível (ver também **confusão todos/alguns**).

T

tática *ad hominem*

Expressão latina que significa "para a pessoa". É usada de dois modos principais, que podem levar à confusão (ver **ambiguidade**). O uso mais comum é chamar a atenção para a manobra desonesta em debates que discuto no verbete **levar para o lado pessoal**, isto é, desviar a atenção do ponto em questão para algum aspecto não relevante da pessoa que o defende. Chamar uma afirmação de alguém de *ad hominem*, neste sentido, é sempre uma recriminação; envolve a **alegação** de que os aspectos da personalidade ou do comportamento do debatedor, que se tornaram o foco da discussão, são irrelevantes para o que está sendo discutido.

Alguém poderia dizer, por exemplo, que não deveríamos levar a sério as descobertas de um médico cientista que pesquisou os efeitos benéficos da caminhada para o sistema cardiovascular porque ele estava acima do peso e provavelmente não poderia andar mais do que uma centena de metros. No entanto, este fato é totalmente irrelevante (ver **irrelevância**) para a capacidade do cientista de avaliar os dados. Se fosse demonstrado que o cientista era um mentiroso habitual ou um pesquisador incompetente, então isso seria relevante para nossa compreensão dos resultados da pesquisa. Mas se concentrar no nível de preparo físico do cientista é um exemplo de uma tática *ad hominem* no primeiro sentido. Isso não deve ser confundido com a acusação de **hipocrisia**, não praticar o que se predica. O cientista sedentário só seria um hipócrita se insistisse com outros para que passassem a fazer caminhadas.

O segundo sentido de um argumento *ad hominem* é uma demonstração legítima da **inconsistência** de um oponente. Este é um uso muito mais raro do termo. Um argumento é *ad hominem*, no segundo sentido, se ele envolve voltar o argumento contra o oponente (às vezes conhecida como a tática do "**você também**" ou do "*tu quoque*"). Por exemplo, se alguém afirmar tanto que todo assassinato é moralmente errado quanto que nada há de imoral na pena de morte, então (contanto que você possa demonstrar que a pena de morte é uma forma de assassinato — o que não é uma tarefa difícil), você pode usar o argumento *ad hominem* (no segundo sentido) em reação. É impossível, sem se contradizer (ver **contradição**), alegar que todas as formas de assassinato são moralmente erradas e que uma forma de assassinato não é moralmente errada. Isso equivale a dizer que todo assassinato é moralmente errado e que não é verdade que todo assassinato seja moralmente errado. Neste caso, voltar o argumento contra o oponente demonstraria claramente que a posição dele era insustentável.

É importante distinguir os dois sentidos de *ad hominem* porque o primeiro é uma **falácia informal**, e o segundo, uma tática perfeitamente aceitável em debate.

tática das consequências absurdas
Provar que uma posição é falsa, ou pelo menos indefensável, demonstrando que, se verdadeira, levaria a consequências

absurdas. Isso, às vezes, se chama *reductio ad absurdum*. É um método comum e altamente eficaz de se refutar (ver **refutação**) uma posição.

Por exemplo, se alguém afirma (ver **afirmação**) que alguém que consome uma droga que provoca alteração da percepção é um perigo para a sociedade e deveria ser trancafiado, é fácil refutá-lo usando uma tática de consequências absurdas. O álcool é uma droga que altera a percepção, e muitos dos que melhor contribuíram para a civilização ocidental usaram-no ocasionalmente. Deveríamos, então, trancafiar todos que algum dia usaram álcool? Evidentemente, isso seria um absurdo. Então, podemos confiar que esta generalização é insustentável. Ela deveria pelo menos ser refinada ao ponto de esclarecer que drogas que alteram a percepção são abrangidas por essa ideia (mas ver **condições** *ad hoc*).

Considerem mais um exemplo. Um político poderia propor que um bom modo de aumentar os rendimentos do Tesouro seria investigar a fundo as declarações de renda de cada contribuinte, dando, desse modo, um aperto na evasão de impostos. No entanto, na prática, isso custaria muito mais para ser efetuado do que poderia ser recuperado e, assim, poderia levar à consequência absurda de que um plano para aumentar os rendimentos acabaria por reduzi-los. Isso nos daria bons motivos para rejeitar a sugestão desse político, tal como as coisas agora se encontram (assumindo-se, é claro, que o único motivo para a implementação dessa política era aumentar os rendimentos do Tesouro). Se fosse possível desenvolver um método mais barato de investigar as declarações de renda, então a sugestão do político talvez pudesse não levar a consequências absurdas e poderia ser uma política viável.

Um problema com a utilização da tática das consequências absurdas é que, geralmente, não há uma pedra de toque para o absurdo; o absurdo de uma pessoa pode ser o bom-senso de outra. A não ser que um ponto de vista implique uma **contradição**, não há um meio fácil de demonstrar seu absurdo (ver **engolir sapos**). Não obstante, se você puder ver que consequências obviamente absurdas resultam de uma posição, isso lhe dá bons motivos para rejeitá-la.

tática de "não trabalho com hipóteses"
Uma técnica **retórica** usada para evitar responder a perguntas incômodas sobre o que poderia acontecer. Uma situação hipotética é aquela que concebivelmente poderia acontecer. Por exemplo, os oceanos e rios do mundo poderiam ficar tão poluídos a ponto de não ser mais possível ou seguro comer peixes pescados na natureza. Esse não é exatamente o caso agora, mas poderia ser no futuro. A maior parte do planejamento para o futuro envolve imaginar situações hipotéticas e decidir como poderíamos enfrentá-las, caso elas nos confrontem na realidade. O treinamento militar baseia-se em prognósticos do que poderia acontecer, um treinador esportivo geralmente discorrerá sobre uma série de situações hipotéticas antes de uma grande partida a fim de ajudar os jogadores a calcular como deveriam reagir; engenheiros civis construindo uma represa basearão seus cálculos em hipóteses bem-informadas sobre níveis pluviométricos previstos e o possível nível de água e assim por diante.

Entretanto, algumas pessoas em posições de autoridade bolaram um meio de evitar comprometer-se com linhas de ação particulares. Sempre que lhes fazem uma pergunta sobre o que fariam em alguma situação hipotética, respondem que isso é irrelevante e que não precisam responder a perguntas sobre o que *poderia* acontecer: elas têm de lidar com o mundo real, não com um mundo imaginário. Em outras palavras, elas se recusam a responder à pergunta unicamente pelo motivo de que versa sobre uma situação hipotética. Isso é um truque retórico: a tática do "não trabalho com hipóteses". Obviamente, algumas perguntas sobre situações hipotéticas muito forçadas não merecem resposta (mas até mesmo algumas dessas merecem: ver **experiência de pensamento**).

Por exemplo, se alguém perguntasse "O que você faria se descobrisse que a família real britânica inteira fosse de membros da máfia siciliana?", muito poucas pessoas veriam algum sentido em arriscar uma opinião: a pergunta simplesmente é extravagante e exagerada demais. Mas a pergunta "Quais serão as implicações para a Constituição britânica se a monarquia for abolida?" é muito mais realista e certamente merece uma resposta, porque lida com uma situação possível. A resposta a ela é de grande interesse e, sem dúvida, poderia afetar os que se acham em posição de pôr em movimento uma cadeia de eventos que poderia culminar na abolição da monarquia. Descartar a pergunta como meramente hipotética e, portanto, indigna de ser respondida seria um caso consumado de evitar uma questão importante.

Os políticos, que são particularmente inclinados a usar essa tática, deveriam ter em mente que toda e qualquer declaração política expressa pontos de vista sobre como um partido se comportará em uma série de situações hipotéticas (por exemplo, com a situação hipotética de o partido ser eleito para o poder). Se estiverem preparados para lidar com situações hipotéticas no contexto da elaboração de programas políticos, então eles precisam ter mais alguns motivos para descartar hipóteses, além do mero fato de que hipóteses lidam com o que poderia acontecer, em vez de lidar com o que efetivamente aconteceu (ver **consistência** e **companheiros na culpa, tática dos**).

tendência
Ver **preconceito** e **interesse pessoal**.

termos técnicos
Ver **jargão**.

"todo mundo faz isso"
Uma desculpa familiar e inadequada para mau comportamento baseada na tática dos **companheiros na culpa**. Em geral, esta frase não deveria ser entendida literalmente: "todo mundo" não quer dizer *todo mundo* mesmo, significa "muita gente" (ver também **confusão todos/alguns**). Mas só porque muita gente faz algo errado não quer dizer que não seja realmente errado.*

Assim, por exemplo, muitas pessoas, alguma vez na vida, já ultrapassaram os sinais de trânsito assim que ficaram vermelhos. Se em uma ocasião particular você for pego pela polícia fazendo isso, argumentar que não é uma infração grave porque todo mundo faz isso é uma desculpa capenga. É uma infração grave, porque pode causar acidentes. Neste caso, é razoavelmente fácil ver como essa resposta é inadequada; mesmo que todo mundo de fato ultrapasse ocasionalmente os sinais vermelhos, isso não tornaria essa ação uma infração menos culpável, só tornaria o ato de dirigir muitíssimo perigoso.

---

* O sentido inteiro deste verbete se resume, em nosso país, pelo dito popular: "Um erro não justifica outro." (*N. do T.*)

Seria também o caso de surrupiar material de escritório do trabalho. Muitas pessoas dão essa desculpa a si mesmas para fazer a ação parecer aceitável (ver **racionalização**). Neste caso, dizer que "todo mundo faz isso" equivale a declarar que esse roubo é socialmente aceitável. Entretanto, só porque algo é socialmente aceitável não significa que seja moralmente aceitável (a não ser, é claro, que você acredite que a moralidade não é mais do que uma forma codificada do que é socialmente aceitável).

Políticos que, quando perguntados sobre a aparente corrupção em seu partido, desviam a pergunta para o fato de que em muitos outros países essa corrupção corre solta estão fugindo do assunto (ver **irrelevância**, **esquivar-se da questão** e **resposta do político**); só porque a corrupção é muito difundida não quer dizer que não deveria ser erradicada quando possível.

Às vezes, este tipo de manobra é usado como uma tentativa de desculpar um malfeito, escolhendo **companheiros na culpa** que são muito mais culpados do que a pessoa em questão. Por exemplo, um ladrão de residências, quando preso, pode salientar que o volume de dinheiro que ele roubou é desprezível se comparado com o que se rouba em prestações de contas e evasão fiscal que ocorrem todos os dias entre executivos no mundo empresarial. No entanto, só porque outras pessoas são tão ruins quanto você, ou piores, não quer dizer que você também não seja ruim. O que acontece é que alguém que quer apontar o dedo para você, mas não está preparado para apontar o dedo contra outros, que são igualmente ruins ou piores, está sendo inconsistente (ver **consistência**).

Na verdade, sempre que alguém usa a frase "todo mundo faz isso" como desculpa para seu comportamento, deveríamos ficar alertas para a possibilidade de que esteja sendo usado um mau argumento para defender um comportamento imoral. É puro **pensamento utópico** supor que o mau comportamento de outras pessoas, de algum modo, legitima o seu próprio.

tu quoque**

Expressão latina que significa "tu também". Uma variedade da tática dos **companheiros na culpa,** é equivalente a dizer "essa crítica não se aplica só à minha posição; aplica-se à sua também" (ver **tática *ad hominem*,** no segundo sentido dado nesse verbete).

---

* Originalmente interrogativa, a expressão é tirada da *Vida de Júlio César*, de Plutarco. Quando César percebe, entre os agressores que tentam assassiná-lo, seu amigo e *protegé* Brutus, diz-lhe: "*Tu quoque, Brute?*": "Tu também [até tu], Brutus?" (*N. do T.*)

U

ultrassimplificação
Ver **pensamento em preto e branco** e **espantalho**.

V

vaguidão

Falta de precisão. Não se deve confundir vaguidão com **ambiguidade**, que ocorre quando uma palavra ou frase tem dois ou mais sentidos possíveis. A vaguidão é sempre relativa ao contexto: o que é vago em um contexto pode ser preciso em outro.

Quando preenchemos o campo referente à idade em um formulário de pedido de passaporte, de nada serve escrever "mais de 18": isso é vago demais. Mas, em um contexto diferente, como quando perguntam sua idade para saber se você deve ou não votar em uma eleição, escrever "mais de 18" pode muito bem ser bastante preciso. Quando lhe pedem para informar como chegar à Torre de Londres, se você responder: "Fica em algum ponto ao longo da margem norte do Tâmisa", terá dado uma resposta muito vaga. Não é ambígua, simplesmente ela não dá informação precisa o suficiente sobre como chegar lá. Mas se respondermos em um teste de conhecimentos gerais, "na margem norte do Tâmisa", pode contar como resposta exata.

A vaguidão é um obstáculo a uma comunicação eficaz. Às vezes, pessoas que querem evitar se comprometer com uma linha de ação particular usam a vaguidão como manobra. Por exemplo, se perguntam a um político como exatamente ele pretende economizar dinheiro no setor público, ele pode fazer generalizações vagas (ver **resposta do político**) sobre a necessidade de aumentar a eficiência, o que, embora seja verdade, não o compromete com algum modo particular de conseguir isso. Um bom jornalista poderia pressioná-lo para obter mais informação sobre como essa eficiência deveria ser conseguida, forçando-o a sair de trás do véu da vaguidão. Ou alguém que chegasse atrasado para um encontro marcado, mas não quisesse admitir que se atrasou porque parou no caminho para tomar uma bebida, poderia dizer: "Lamento pelo atraso, mas houve algo que precisei fazer no caminho para cá, que levou um pouquinho mais de tempo do que eu esperava", deixando vaga a causa do atraso e exercendo um tipo particular de **economia com a verdade**.

validade

A qualidade preservadora da verdade de bons argumentos dedutivos (ver **dedução**). Argumentos válidos garantem **conclusões** verdadeiras, contanto que suas **premissas** sejam verdadeiras. Argumentos válidos com uma ou mais premissas falsas, no entanto, não garantem conclusões verdadeiras: elas podem ter conclusões verdadeiras, mas não se pode ter certeza disso simplesmente com base em sua validade. Validade não deve ser confundida com verdade. Ela é sempre uma qualidade da estrutura dos argumentos; afirmações são verdadeiras ou falsas. Argumentos nunca podem ser verdadeiros ou falsos, afirmações nunca são válidas ou inválidas (exceto quando se está usando as palavras "válidas" e "inválidas" em um sentido coloquial, no qual elas são sinônimas de "verdadeiras" e "falsas", como na sentença "A afirmação do primeiro-ministro de que os impostos estão elevados demais é válida"). Somente argumentos dedutivos podem ser válidos ou inválidos.

Considere o seguinte argumento:

> Se o alarme de incêndio tocar, todos devem ir até a saída mais próxima.
> O alarme de incêndio está tocando.
> Então todos devem ir até a saída mais próxima.

A forma deste argumento é:

> Se p, então q
> p
> Portanto, q

As letras p e q estão representando quaisquer casos que se queira inserir no argumento. Sejam quais forem os casos a se inserir, não afetarão a validade do argumento: enquanto suas premissas forem verdadeiras, a conclusão deve ser verdadeira. Outro exemplo da mesma forma de argumento, que é conhecida como **afirmar o antecedente** (também conhecido pelo seu nome latino *modus ponens*), é:

> Qualquer um pego violando a lei será processado.
> Você foi pego violando a lei.
> Então você será processado.

Mais uma vez, se as premissas são verdadeiras, a verdade da conclusão está garantida.

O seguinte exemplo é uma forma inválida de argumento:

Todos os homens são mortais.
Fred é mortal.
Então Fred é um homem.

Vejam uma semelhança superficial com a forma válida de argumento:

Todos os homens são mortais.
Fred é um homem.
Então Fred é mortal.

A diferença é que o primeiro exemplo não garante a verdade da conclusão de que Fred é um homem; ambas as premissas podem ser verdadeiras e, no entanto, Fred ser um gato. No segundo exemplo, se sabemos ser verdade que todos os homens são mortais, e que Fred realmente é um homem, podemos afirmar com confiança ser verdade que Fred é mortal. Outro nome para uma forma inválida de argumento é uma **falácia formal** (embora a palavra "falácia" também seja usada em um sentido mais livre para se referir a qualquer modo ruim de argumentar, ou mesmo para uma falsa convicção; ver **falácia informal** e **"isso é uma falácia"**).

verdade por adágio
O erro de valer-se de ditados familiares como uma alternativa a pensar.

Muitos adágios contêm germes de verdade, e alguns são de fato profundos, mas não são fontes confiáveis de conhecimento e podem ser enganosos. Por exemplo, peguem o ditado "Não se pode ensinar truques novos a cachorros velhos". Isto não é verdade quanto a todos os cachorros, e certamente não é verdade quanto a todos os seres humanos (ver **confusão todos/alguns**): há muitas pessoas idosas que são capazes de fazer avanços radicais em sua capacidade. Isto não é negar os efeitos do envelhecimento. *Grosso modo*, à medida que se envelhece, fica mais difícil aprender novos comportamentos, mas isto não é verdade para todos em todos os aspectos. No máximo, esse ditado capta a ideia de que *pode* ser difícil mudar os hábitos de uma pessoa mais velha. Entretanto, o ditado sugere que nunca se pode ensinar algo novo a alguma pessoa idosa, o que é uma **generalização precipitada** de uma falsidade razoavelmente óbvia.

Quando esses ditados aparentemente sábios assumem o papel de autoridades (ver **verdade por autoridade**), resta pouco espaço para o pensamento crítico. A aparência de profundidade não é o mesmo que profundidade autêntica, e devemos estar em guarda contra gente que prontamente recorre a provérbios em vez de argumentos. Citar um ditado popular é raramente uma alternativa satisfatória a pensar sobre o caso em questão. No entanto, **adágios** são declamados tão frequentemente como se eles incorporassem a sabedoria dos séculos de um modo que deveria pôr fim a qualquer discussão. Qualquer um que use um **adágio** deveria, pelo menos, ser capaz de demonstrar que ele se aplica autenticamente à questão em pauta.

verdade por autoridade
Tomar declarações como verdadeiras simplesmente porque uma pretensa autoridade no assunto disse que são verdadeiras. Há muito bons motivos para se acatar a opinião de especialistas em uma grande variedade de assuntos. A vida é curta demais, e a capacidade intelectual, variada o suficiente para

todo mundo ser especialista em tudo. Existe uma divisão do trabalho intelectual que faz com que seja sensato buscar pontos de vista de especialistas quando entramos em um campo no qual temos poucos motivos para nos sentir confiantes quanto a nosso conhecimento e nossas opiniões.

Se eu quebro um osso da perna, por exemplo, embora tenha alguma vaga noção do melhor meio de tratar disso, com certeza, seria melhor buscar o aconselhamento profissional especializado de um médico, que tem experiência em diferentes tipos de fraturas e conta com o benefício de anos de estudo de medicina, do que contar com meus palpites desinformados sobre a natureza do mal que me aflige. O médico será capaz de determinar se eu de fato quebrei a perna, ou se apenas a contundi gravemente; se é mais favorável, para corrigi-la, engessá-la ou se devo simplesmente mantê-la em repouso e assim por diante. No entanto, não é simplesmente porque o médico alega ser uma autoridade em fraturas que o que ele ou ela disser sobre o meu caso será provavelmente verdade; é porque o médico chega a uma conclusão com base em conhecimento médico e raciocínio sólido, conhecimento e raciocínio a que outros médicos poderiam ter acesso e, possivelmente, contestar. Porque não tenho conhecimento médico relevante, tenho de confiar na autoridade do diagnóstico do médico, tal como, quando preciso de aconselhamento legal, valho-me da avaliação da situação por um advogado, já que não tenho conhecimento da lei detalhado o suficiente para confiar em meus próprios juízos sobre a questão.

Em casos como esses, procuramos especialistas que têm formação relevante e desempenho monitorado por um organismo profissional; é por isso que confiamos em seu julgamento. No entanto, mesmo nesses casos, um nível de ceticismo pode ser adequado. Médicos e advogados nem sempre concordam, e, se houver suspeita de que a opinião de um especialista pode estar baseada em **premissas** falsas, em raciocínio precário ou em **interesses pessoais**, é bom procurar uma segunda opinião.

Em outros casos, a deferência a especialistas pode ser inteiramente inadequada (ver **curvar a cabeça**). Uma tendência psicológica particularmente perigosa de algumas pessoas é depositar confiança nos pontos de vista de autoridades, mesmo quando elas falam sobre tópicos fora de sua área de especialização. Por exemplo, um físico ganhador do Prêmio Nobel poderia ser encarado seriamente ao falar sobre a decadência da moralidade (ver **autoridade universal**). A deferência a especialistas também é inadequada quando se está buscando a verdade sobre questões controversas em que não há consenso entre os especialistas. Em muitas questões assim, em política e filosofia, seria ridículo mencionar a autoridade de um famoso filósofo ou teórico político que sustentou o ponto de vista que você quer endossar, se o seu objetivo é fornecer evidência da verdade desse ponto de vista. Em controvérsias, haverá numerosas autoridades que poderiam ser mencionadas para contestar qualquer lado particular. Alguns filósofos parecem achar que é suficiente mostrar que Ludwig Wittgenstein (famoso filósofo do século XX) endossou um ponto de vista particular para provar que esse ponto de vista é verdadeiro. Mas do fato de que Wittgenstein acreditava que alguma coisa era verdadeira não podemos simplesmente concluir que, portanto, ela deva ser mesmo verdadeira (ver **"portanto" espúrio e "então" espúrio**). A fim de avaliar a verdade do que ele alegava, seria necessário examinar seus motivos e examinar os pontos de vista que outros filósofos apresentaram contra ele. Citar a autoridade de um filósofo é diferente de citar a autoridade de um especialista médico, uma vez que, na filosofia, diferentemente da medicina, a maioria dos pontos de vista é fortemente contestada.

A principal dificuldade para alguém confrontado com a opinião de um especialista é decidir quanto peso dar a ela. Os pontos principais a ter em mente são que, mesmo que fique estabelecido que alguém é realmente um especialista no campo, ele ou ela ainda é uma pessoa falível; e que especialistas com frequência discordam uns dos outros, particularmente em áreas em que a evidência é inconclusiva; e que, como mencionado anteriormente, especialistas habitualmente só o são em uma área relativamente limitada e seus pronunciamentos em áreas fora de sua especialidade não deveriam ser levados tão a sério quanto os que eles fazem nas suas especialidades.

verdade por consenso

Tomar afirmações como verdadeiras simplesmente porque há sobre elas uma concordância generalizada. Esse não é um modo confiável de descobrir a verdade sobre a maioria das questões: só porque há um acordo geral de que algo é verdade não significa que *seja* verdade.

Por exemplo, no século XIV havia um consenso geral de que o mundo era plano, mas o fato de que a maioria das pessoas achava que ele era plano não significa que ele *fosse* efetivamente plano. Somente um relativista extremo ia querer manter isso. Se os especialistas da época acreditavam em alguma coisa, isso indica a maior probabilidade de que o que eles acreditavam fosse verdade ou se aproximasse dela (ver **verdade por autoridade**). No entanto, não é o fato de acreditarem em algo que o faz ser verdade, e sim que a verdade depende se tal crença está ou não de acordo com o modo como o mundo é. Mesmo que especialistas em um determinado campo concordem a respeito de alguma coisa, não quer dizer que essa coisa deva ser verdade, embora, se você não for um especialista, talvez seja apropriado levar muito a sério a visão de consenso dos especialistas. Mas, quando as pessoas que concordam entre si não são especialistas, e algumas delas sabem muito pouco sobre o assunto em questão, não há bom motivo para tratar esse consenso como um indicador de verdade.

Um motivo pelo qual o consenso não é um indicador seguro da verdade é que as pessoas costumam ser muito crédulas: elas são facilmente iludidas a respeito de todos os tipos de coisas, como qualquer trapaceiro sabe. E mais: a maioria de nós é propensa a **pensamento utópico** de vários tipos. Acreditamos no que gostaríamos de que fosse verdade, mesmo que não esteja de acordo com os fatos, e, às vezes, mesmo diante de evidências esmagadoras contra nossas mais acalentadas convicções.

Onde não há consenso, um método ainda menos confiável para determinar a verdade é basear-se na opinião majoritária. Em questões muito importantes, a maioria das pessoas é mal-informada sobre o que está em jogo; é certamente melhor apoiar-se em uma minoria de especialistas que tiveram tempo para analisar os dados disponíveis do que nos pontos de vista da maioria, formados precipitadamente. Por exemplo, pode ser que a maioria da população mundial hoje acredite que o nosso destino é completamente determinado por considerações astrológicas. Mas a maioria das pessoas que acredita nisso tem um conhecimento de astronomia tão superficial que seus pontos de vista são pouco significativos para determinar se a posição dos astros determina ou não o nosso comportamento. Consequentemente, quando alguém começa uma sentença com "De um modo geral concorda-se que" ou "A maioria das pessoas acredita que", dever-se-ia determinar precisamente o que se espera que façamos com essas frases. Que importância tem aquilo com que, de um modo geral, se concorda? Devemos concluir que, porque a maioria das pessoas acredita em alguma coisa, isso deve ser verdade? (É claro que poderia ser verdade, mas, se o motivo para se acreditar que é verdade é que a maioria das outras pessoas acredita nisso, essa é uma justificativa insatisfatória; ver **falácia dos maus motivos**).

É importante não confundir este ataque à crença na verdade por consenso ou na verdade por opinião da maioria com um ataque ao processo decisório democrático. O motivo pelo qual o processo decisório democrático é frequentemente preferível a demais alternativas não é que ele confiavelmente dê respostas verdadeiras a perguntas, mas que ele permite a participação igualitária de diferentes grupos de interesses e geralmente proporciona meios de minimizar o poder de pretensos tiranos (mas ver **falácia democrática**).

você também
A variedade da tática dos **companheiros na culpa** é o mesmo que dizer "esta crítica não é aplicada apenas à minha posição; ela se aplica à sua também" (ver também **tática ad hominem**, no segundo sentido dado ao verbete).

voto da maioria
Ver **falácia democrática** e **verdade por consenso**.

Z

ziguezaguear
Pular de um tópico para outro em uma discussão como defesa contra críticas. Está muito ligada à tática **mudar as traves do gol** e à técnica da **resposta do político**. Todavia, enquanto mudar as traves do gol envolve mudar o ponto em discussão e uma resposta do político é realmente apenas uma forma de **irrelevância**, ziguezaguear envolve saltar de um tópico a outro, em geral de um tópico relevante para outro também relevante. Isso pode ser particularmente frustrante em uma discussão, porque debatedores ziguezagueantes nunca param em um tópico tempo suficiente para você apresentar sua crítica; no momento em que você começou a apresentar suas objeções, eles já partiram em outra direção. Isso pode ser usado como uma forma de **retórica** para evitar enfrentar críticas e, com isso, tornar sua posição mais persuasiva; entretanto, isso, com frequência, se deve simplesmente à superficialidade e à falta de energia intelectual para levar uma discussão até o fim.

Alguém poderia começar uma discussão sobre a necessidade de penas de prisão mais longas como meio de conter o crime violento, afirmando que o custo de uma medida dessas para o governo se justifica pelo aumento de segurança para cidadãos cumpridores da lei. No entanto, quando um crítico está prestes a apresentar evidências empíricas de que essas medidas nunca levaram efetivamente a uma redução do crime violento, o primeiro debatedor pode executar um zigue-zague, mudando a discussão para um tópico relacionado a se a polícia deve ou não portar armas de fogo. Esse ziguezaguear torna quase impossível travar um debate sério, porque qualquer crítica provavelmente parecerá irrelevante para o tópico em discussão.

Vejam mais um exemplo, desta vez o de um argumento com uma conclusão verdadeira derivada de premissas verdadeiras, mas por um raciocínio falacioso:

> Algumas galerias de arte não cobram taxa de entrada.
> A National Gallery, de Londres, é uma galeria de arte.
> Portanto, a National Gallery de Londres não cobra taxa de entrada.

As premissas deste argumento são verdadeiras; e é verdade que a National Gallery não cobra entrada. No entanto, essa conclusão não sucede de forma correta das premissas, uma vez que estas deixam em aberto a possibilidade de que a National Gallery de Londres poderia cobrar entrada. Em outras palavras, o "portanto" desse argumento é um exemplo de **"portanto" espúrio e "então" espúrio** (ver também *non sequitur*). Só que a primeira premissa nos diz é que *algumas* galerias de arte têm entradas grátis; não nos dá nenhuma dica se a National Gallery de Londres pertence ou não à classe das galerias com entrada grátis. Isso é uma fraqueza no modo como se chegou à conclusão. Você estaria cometendo a **falácia dos maus motivos** se achasse que, derrubando a conclusão a que se chegou, teria demonstrado que ela era falsa; pode-se chegar a conclusões verdadeiras acidentalmente ou afirmá-las sem evidências adequadas em seu apoio.

Mais dois exemplos: uma pesquisa sociológica malconduzida, destinada a avaliar as causas do comportamento criminoso, poderia, apesar de baseada em uma amostragem não representativa e em testes estatísticos inadequados, chegar a algumas conclusões verdadeiras. Alguém que saiba quase nada sobre computadores poderia identificar corretamente que o seu *disk drive* está com defeito, ainda que o modo como chegou a essa conclusão tenha envolvido todos os tipos de erros de raciocínio. Um fraco raciocínio de modo nenhum garante conclusões falsas. Então, a fim de refutar (ver **refutação**) uma conclusão não basta simplesmente mostrar que se chegou a ela por meios duvidosos; é preciso apresentar mais argumentos, demonstrando que ela é falsa.

Este livro foi impresso nas oficinas da
DISTRIBUIDORA RECORD DE SERVIÇOS DE IMPRENSA S.A.
Rua Argentina, 171 – Rio de Janeiro, RJ
para a
EDITORA JOSÉ OLYMPIO LTDA.
em junho de 2011

79º aniversário desta Casa de livros, fundada em 29.11.1931